行知学園教育叢書

ピアで学ぶ
日本語会話
日本語の知識を話す力に
活動260
初級 〜 中級

大原聖蘭

行知学園
COACH ACADEMY

はじめに

　近年、知識は与えられるものだという考えから、学習者一人ひとりが自ら構成するものだとする教育観へと移行しました。学習者には、自己の経験と照らし合わせつつ、目の前の課題を解決する過程を新たな経験として自律的に取り込んでいく姿勢が求められています。自律的な学習とは、自らの目標に向けて学習を計画し、実行し、振り返り、次なる課題を発見するプロセスを通して自分自身を進化させ続けるサイクルそのものです（池田・舘岡, 2002、青木, 2005)＊。

　この学習プロセスは、ともに学ぶピアがいることで加速します。ピア・ラーニングは20年ほど前に広く知られるようになり、ここ10年で非常に一般的になりました。ピア・ラーニングにおいて学習者は、それぞれの経験を生かして知識や情報を集め、わからない語句を教え合ったり、発言を聞きあったり、ミスのフォローや意見の補足をしたりしながら活動をします。この日本語教材は、こうしたピアとの協働作業を通して、日本語の知識を話す力に変えることを目的として開発されました。

　私たち日本語教師の大きな仕事は、多言語多文化社会の構成員となる学習者たちの問題意識を引き出し、ピアと行う自律した学びを支援することです。多様な背景を持つ人たちが自由に自己表現しつつ、周囲との協働の中で日本語を用いながら力を発揮できることを言語学習のゴールと考えるとき、教室の中で「各々のスキルや思考を活かしてピアと課題を乗り越える」という経験の積み重ねは、社会の中でたくましく生きていく力となることでしょう。

　先生方の教室で、ピアとともに素晴らしい日本語学習経験を重ねられますようお祈りしております。

大原 聖蘭

＊池田玲子・舘岡洋子(2007)『ピア・ラーニング入門－創造的な学びのデザインのために』、ひつじ書房
　青木直子(2005).「自律学習」.『新版 日本語教育事典』. 大修館書店. 773-775

本書の特徴

　本書は「問題の解決に思考力を必要とし、ピアとの協働を通して学習者の経験値をあげられるような教材」を目指し、現場の先生方や学習者の皆さんに多くの意見を賜りながら編集しました。

◆学習者が主体となって学ぶ、260の活動
　ピア・ラーニングを通して学習者が主体的に学ぶための活動を、本書では260用意しました。学習者はピアとの協働において、知識や意見を日本語で表現しようと模索する中で、語彙や使える表現を増やしていくことができます。

◆身近でありながら、思考が深められるトピック
　日常生活から社会問題まで、国籍、年齢、性別を問わず、誰もが思わず話したくなる興味深いトピックを選びました。また、さまざまな人々の意見を聞くことで、思考を深められるトピックを多く取り入れています。

◆言語の運用能力を高める、さまざまなアウトプット
　各活動は、話し合い、インタビュー、ロールプレイ、ディベート、作文、制作、発表など、さまざまな形でアウトプットができるように工夫されています。こうしたアウトプットを通して、学習者はいろいろな角度から言語の運用能力を高めることができます。

◆発表スタイルの協働作業で、学習者一人ひとりが力を発揮
　話し合いの後に資料をまとめて発表するスタイルを多く採用しています。ピアと協働し、発表準備をする中で、学習者は日本語レベルに関係なく、それぞれの知識や経験を活かしながら力を発揮して、日本語力を伸ばしていきます。

◆予習、授業、復習の学習サイクルをサポート： 資料ダウンロード
　教案を始め、活動で用いるフォーマット用紙や、授業の振り返りシートなど、関連資料がウェブサイトから無料でダウンロードできます。予習→授業→復習の学習サイクルの組み立てにも役立つツールがそろっています。

> 本文中に 資料ダウンロード のアイコンがあるものは、教師用、
> 学生用の資料が、こちらからダウンロードできます。
> https://www.coach-pub.jp/books/003/

対象となる学習者のレベル (おおよその目安)

　この教材シリーズは、大きく6つのレベルに分けられています。各レベルは学習者が「課題に対してどこまで行動がとれるか、意見を述べられるか」によって決まると考えるとわかりやすいでしょう。初級の学習者であっても中級の問題を達成できたり、逆のケースもよく見られたりします。教師はそういったことに留意しながら、柔軟に授業で扱うレベルを決定してください。レベルはCEFRを参考にしています*。授業に使う資料等を検索する際の目安にしてください。

	CEFR	本シリーズ	共通参照レベル
基礎段階の言語使用者	A1		具体的な欲求を満足させるための、よく使われる日常的表現と基本的な言い回しは理解し、用いることもできる。自分や他人を紹介することができ、どこに住んでいるか、誰と知り合いか、持ち物などの個人的情報について、質問をしたり、答えたりできる。もし、相手がゆっくり、はっきりと話して、助け船を出してくれるなら簡単なやり取りをすることができる。
	A2	ユニットA ユニットB ユニットC	ごく基本的な個人的情報や家族情報、買い物、近所、仕事など、直接的関係がある領域に関する、よく使われる文や表現が理解できる。簡単で日常的な範囲なら、身近で日常の事柄についての情報交換に応ずることができる。自分の背景や身の回りの状況や、直接的な必要性のある領域の事柄を簡単な言葉で説明できる。
自立した言語使用者	B1		仕事、学校、娯楽で普段出会うような身近な話題について、標準的な話し方であれば主要点を理解できる。その言葉が話されている地域を旅行しているときに起こりそうな、たいていの事態に対処することができる。身近で個人的にも関心のある話題について、単純な方法で結びつけられた、脈絡のあるテクストを作ることができる。経験、出来事、夢、希望、野心を説明し、意見や計画の理由、説明を短く述べることができる。
	B2		自分の専門分野の技術的な議論も含めて、抽象的かつ具体的な話題の複雑なテクストの主要な内容を理解できる。お互いに緊張しないで母語話者とやり取りができるくらい流暢かつ自然である。かなり広汎な範囲の話題について、明確で詳細なテクストを作ることができ、さまざまな選択肢について長所や短所を示しながら自己の視点を説明できる。
熟達した言語使用者	C1	ユニットD ユニットE ユニットF	いろいろな種類の高度な内容のかなり長いテクストを理解することができ、含意を把握できる。言葉を探しているという印象を与えずに、流暢に、また自然に自己表現ができる。社会的、学問的、職業上の目的に応じた、柔軟な、しかも効果的な言葉遣いができる。複雑な話題について明確で、しっかりとした構成の、詳細なテクストを作ることができる。その際テクストを構成する字句や接続表現、結束表現の用法をマスターしていることがうかがえる。
	C2		聞いたり、読んだりしながらほぼ全てのものを容易に理解することができる。いろいろな話し言葉や書き言葉から得た情報をまとめ、根拠も論点も一貫した方法で再構成できる。自然に、流暢かつ正確に自己表現ができ、非常に複雑な状況でも細かい意味の違い、区別を表現できる。

出典:『外国語教育Ⅱ 外国語の学習、教授、評価のためのヨーロッパ共通参照枠　追補版』 吉島茂／大橋理枝 (他) 訳・編 (朝日出版社) ※筆者が表の順番を並べ替え
ユニットA～Cは本書。ユニットD～Fは続編。
*CEFRに準じて作られたJFスタンダードも参考。

学習の流れ

〈予習→授業→振り返り〉の学習サイクルをしっかり作りましょう。

*先生方へ：本教材は、予習や振り返りに役立つツールがダウンロードできます。 ➡ p.191

予習 （インプット）	● 次の授業で使う言葉や表現を調べて「学習ノート」に書きます。 ● 次の授業で話し合うために必要な情報を集めます。

【学習ノート】

授業 （アウトプット）	● 予習で調べた言葉や表現を「活動」で会話するときに使います。 ● 予習で調べたことをクラスメートに教えます。 ● クラスメートや先生が教えてくれたことを「学習ノート」にメモします。

【本書】

振り返り （レビュー）	●「振り返りシート」を使って、授業で学んだことや気づいたことなどをまとめます。 ● クラスメートからもらった「発表評価シート」や「ロールプレイ評価シート」を参考に、反省点や改善点を整理します。

【各種レビューシート】

学習ノートの作り方

あなただけのオリジナルの学習ノートを作りましょう。ここではノートを4つのパートに分ける使い方を紹介します。

①授業の予習として、知らない単語や表現があれば調べておきます。どんなふうに使うのか、例文も一緒に書いておくといいですよ。

②授業で使いたい単語や表現を調べて、ここに書いておきましょう。話し合いのテーマに関連する単語や表現は、p.9～p.13の「内容一覧」を参考にしてください。

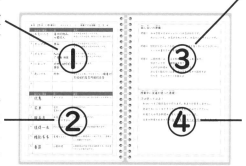

③授業で話したいと思うことをメモしておきましょう。また、調べた情報を書いたり、資料の切り抜きを貼ったりすると授業で役に立ちます。

④クラスメートや先生から教えてもらったことや、友達が使った表現で、自分でも使ってみたい表現などをメモします。授業を振り返ることで、新しい単語や表現が定着します。

*先生方へ：いつも同じフォーマットで学習ノートを作ると、予習や授業中、どのようにノートを取るべきか悩む必要がなくなり、効率よく必要なことをまとめることができます。また、自分にとって必要なことをまとめたノートは、見直しをするのも簡単で、かつ自分の成長を把握することができます。

この本での学び方

登場人物紹介

あなた
日本の文化に興味を持ち、来日した留学生。田中さんと同じゼミをとっている。

山田さん
「あなた」の知人の一人。国際交流センターでボランティアをしている。

鈴木さん
「あなた」が住むアパートの大家。熱心に町内会の活動に参加している。

田中さん
「あなた」と同じゼミの大学生で、弟と妹がいる。趣味・特技はピアノ。

授業で扱うテーマです
あなたはこのテーマで何を話したいですか。知らない単語を調べて、言いたいことを整理しておきましょう。

先生の質問に答えてみよう
他の人たちはなんと答えていましたか？ 先生に質問をしてもいいですよ。

＊自分の経験やニュース等、ユニットに関する話題に簡単に触れ、軽く質問をしながら授業へ意識を向けさせます。

音声を聞いてみよう
（　　）に入る文字を聞き取って書き入れましょう。

＊「聞きとろう」では、会話の音声を聞いて、（　）の中にひらがな一語を書き込みます。教師は学習者に集中して細部まで聞き取るよう促します。

「あなた」になって言ってみよう
小さな声でも大丈夫。でもしっかり口を動かしましょう。

＊「言ってみよう」では、学習者は「あなた」のパートを読んでください。

どの活動をするのかな？
先生が事前に指定した活動に〇印をつけます。当日「どれをするんだっけ？」とならないようにしましょう！

＊教師は授業日に扱う活動を予め学習者に知らせて予習を促してください。次回の予告をしたら、すぐに学習者に予習をスタートさせます。検索キーワードや関連URLなどを必要に応じて伝えます。

アドリブもOK！
●印のところは、自分の言いたいことをつぶやいても楽しいですよ。何を言えばいいか思いつかない人は、本の通りに読んでください。

＊●の部分は、音声が入っていません。自分なりの回答を入れて話してください。アドリブパートは大きな声で発話する必要はありませんが、この後の話し合いのウォームアップとしてしっかり口を動かしましょう。

6

アイコンの意味

ペアで行う
活動

グループで行う
活動

クラスで行う
活動

制作を伴う
活動

学習仲間（ピア）と話し合おう

ペアやグループで話し合いながら、日本語と思考力を深めます。あなたの知識や経験をぜひピアと共有してください。

＊学習者同士でわからない語句を教え合ったり、発言を聞き合って互いにミスのフォローや、意見の補足をしたりしながら、ピアとともに学びます。

話し合いましょう

活動 1

あなたがよく食事に行くお店について話し合います。どんなお店がお気に入りですか。どうしてそのお店が好きですか。自分の好きなお店について、ペアになって話し合いましょう。あいづちを打ちながら聞き、聞き取れなかったことは聞き返しましょう。

活動 2

あなたの好きな食べ物は何ですか。嫌いな食べ物は何ですか。アレルギーはありませんか。食べ物に関するエピソードとともに、ペアになって話し合いましょう。

活動 3

先生を食事に誘います。どのお店を選びますか。グループで話し合いましょう。その後、食事に誘うメールを先生に書きましょう。

活動 4

グループで、自分たちの故郷の有名な料理を紹介するポスターを作ることになりました。どのように紹介しますか。ポスターを作ってみましょう。

＊先生方へ：ポスターには、学習者間中の選んだ料理が並びます。同郷のクラスメートでグループが構成されている場合は全員で一つの料理を紹介してもかまいません。

18　A1　食文化　食べ物の好き嫌い　食事に誘う

日本語上達 7つのポイント

① 必ず予習をします。

②言いたいことを言葉ではっきり伝えます。

③意見を言うときは理由も一緒に。

④相手の意見をよく聞きます。

⑤話し合いは冷静に。

⑥わからないときも意思表示をしましょう。

⑦授業の振り返りを忘れずに。

さまざまな活動があります！

インタビュー、ロールプレイ、ポスター制作、クラス発表、動画制作・編集、メール、電話応対、作文、ゲーム、地域の調査、資料分析等々。どの活動も、予習をしなければうまくいきません。しっかり予習をしましょう。

＊少人数のグループを作り、協働して創造的な活動を行います。学習者のレベルや個性に合わせ、柔軟にグループ作りをしてください。A，Bレベルでは予め教師がグループを指定し、固定したほうがうまくいくことが多いでしょう。

▶教案がウェブサイトからダウンロードできますので、参考にしてください。➡p.191

目次

はじめに ……………………………… p2
本書の特徴 …………………………… p3
対象となる学習者のレベル …… p4
学習の流れ …………………………… p5
この本での学び方 ………………… p6
内容一覧 ……………………………… p9
Q＆A ………………………………… p14

【ユニットA】
A1 ……………………………………… p17
A2 ……………………………………… p20
A3 ……………………………………… p24
A4 ……………………………………… p28
A5 ……………………………………… p31
A6 ……………………………………… p34
A7 ……………………………………… p37
A8 ……………………………………… p40
A9 ……………………………………… p44
A10 …………………………………… p47
A11 …………………………………… p50
A12 …………………………………… p54
A13 …………………………………… p57
A14 …………………………………… p61
A15 …………………………………… p64

【ユニットB】
B1 ……………………………………… p67
B2 ……………………………………… p71
B3 ……………………………………… p74
B4 ……………………………………… p78
B5 ……………………………………… p82
B6 ……………………………………… p85

B7 ……………………………………… p88
B8 ……………………………………… p91
B9 ……………………………………… p95
B10 …………………………………… p98
B11 …………………………………… p101
B12 …………………………………… p105
B13 …………………………………… p108
B14 …………………………………… p112
B15 …………………………………… p115

【ユニットC】
C1 ……………………………………… p118
C2 ……………………………………… p123
C3 ……………………………………… p126
C4 ……………………………………… p129
C5 ……………………………………… p132
C6 ……………………………………… p135
C7 ……………………………………… p138
C8 ……………………………………… p141
C9 ……………………………………… p144
C10 …………………………………… p147
C11 …………………………………… p150
C12 …………………………………… p154
C13 …………………………………… p157
C14 …………………………………… p160
C15 …………………………………… p164

巻末付録 ……………………………… p167
　●対話文の（　）の答え
　●対話文の大意〈中国語・英語〉
　●くだけた表現の説明

【ユニット A】

A1	これも食べたいな［食文化　食べ物の好き嫌い　食事に誘う］	➡ p17
好みの伝え方／好みのたずね方	依頼の仕方	【食べ物に関する言葉】
～が好きです　～は好きですか	～てください	定食　ランチ　ラーメン　どんぶり

A2	私の家族は、こんな人たちです！［自分　友達　家族　紹介する］	➡ p20
【家族に関する言葉】	理由の述べ方／理由のたずね方	過去の習慣の述べ方
父　母　兄　姉　弟　妹	～からです　どうして（なぜ）～	よく～していました

A3	どうやって行けばいいですか［道案内　移動　場所を伝える］	➡ p24
所在の示し方	道のたずね方	道の説明の仕方
～に～があります　～にいます	～はどこですか ～に行きたいのですが…	まっすぐ行ってください ～を右（左）に曲がります

A4	財布を持ち歩きません［買い物　欲しいもの］	➡ p28
欲しいものの伝え方	助言の述べ方	聞き直し方
～がほしいです	～たほうがいいです ～ないほうがいいです	もう一度言ってください

A5	週末は何して過ごす？［日常生活　過ごし方］	➡ p31
習慣の述べ方	あいづちの打ち方	頻度に関する表現
よく～ています	なるほど　本当ですか	いつも　よく　たいてい たまに　ときどき

A6	旅行に行こうかな［景勝地　旅行］	➡ p34
願望の伝え方	さまざまな行動の例示の仕方	強く勧めるときの表現
～たいです　～てみたいです	～たり、～たりします	ぜひ～てください

A7	きっかけになるといいな［きっかけ　手順］	➡ p37
行動の開始を示す表現	順序の述べ方	苦労したことの伝え方
～はじめました	まず　次に　最後に	～に苦労しました　～が大変でした ～に困りました

A8	これは何をしているところですか？［様子・動作を表現する］	➡ p40
動作を説明する表現	他者の様子を述べる表現	過去の義務を表す表現
～ています	～がっています　～そうです	～をしなければなりませんでした

A9	ピアニストになりたかったな［将来の夢　仕事］	➡ p44
【職業に関する言葉】	過去の特定の時点を示す表現	推量に関する表現
会社員　公務員　教師　医者	～のとき　～のころ	～でしょう　～はずです

9

A10	ちょっと運動しようかな［スポーツ　運動］	➡ p47
【スポーツに関する言葉】	婉曲的な断り方	ルールを説明する表現
野球　サッカー　陸上　オリンピック	〜は難しいです 〜できそうにありません	〜してはいけません 〜は反則です

A11	新しい習慣［日課　スケジュール　習慣］	➡ p50
【日課や習慣に関する言葉】	心がけていることを述べる表現	【生活習慣に関する言葉】
早寝早起き　歯磨き　ランニング	〜ようにしています 〜しないようにしています	食生活　ダイエット　ファストフード 睡眠　たばこ　お酒　暴飲暴食

A12	これをしなければ［すべきこと　してはいけないこと］	➡ p54
義務に関する表現	禁止事項の伝え方	【学校に関する言葉】
〜しなければいけません	〜してはいけません 〜ないでください	制服　校則　受験　クラブ活動 成績　時間割

A13	どんな部屋に住みたいですか？［部屋の様子や風景を描写する］	➡ p57
【家や部屋に関する言葉】	【位置を示す言葉】	様態を表す表現
家賃　間取り　洋室　和室　日当たり	前　後ろ　左　右	〜そうです

A14	この靴が欲しいんです［特徴　機能　理由］	➡ p61
機能の述べ方	【形、柄、質感に関する言葉】	【消費行動に関する言葉】
〜しやすい　〜することができる	四角い　丸い　花柄　水玉　ふわふわ　つるつる　ピカピカ　キラキラ	ネットショッピング　ウィンドーショッピング　口コミ　レビュー

A15	それもいいですね［意見の調整　話し合って決める］	➡ p64
同意の求め方	相手の意向をたずねる表現	都合をたずねる表現
〜ですね　〜ですよね	〜はどうですか 〜てもいいですか　〜でもいいですか	皆さんはいかがですか 皆さんのご都合はいかがですか

【ユニットB】

B1	健康的な暮らしがいいですよ［健康　健康法］	➡ p67
【健康に関する言葉】	勧誘の仕方	情報を求める表現
栄養素　カロリー　運動 ジャンクフード　栄養バランス	〜しませんか	〜についてはどうですか もう少し詳しく教えていただけますか

B2	こうしたらどうでしょうか［提案　情報交換］	➡ p71
提案の仕方	方法をたずねる表現	情報交換の表現
〜したらどうですか　〜はいかがですか　〜といいかもしれません	どうやって〜　どのように〜	〜はどうする？　〜はどうしようか 〜はどうなってる？

B3	この道に決めました［行動を選ぶ　メリット・デメリット］	➡ p74
比較する表現	指示対象を示す表現	メリット・デメリットの伝え方
〜よりも〜ほうが〜です	〜に関する　〜について	良い点は〜　〜が良いと思います 悪い点は〜　〜が欠点だと思います

B4	言いにくいのですが［モラル　マナー　他者への配慮］	➡ p78
事情を説明するときの表現	後悔を示す表現	丁寧な依頼の仕方
〜なのです	〜てしまいました 〜ほうがよかった	申しわけないのですが… 〜てくださいませんか

B5	見た目で印象が決まる？［衣服　色彩　好み］	➡ p82
【衣服やファッションに関する言葉】	【色に関する言葉】	印象を述べるときの表現
シャツ　スーツ　サイズ　ブランド	白　黒　赤　青　黄色　緑	〜気がします 〜と感じます

B6	シェアしてみようかな［貸し借り　シェア・共有］	➡ p85
【貸し借りや共有に関する言葉】	不便さを表す表現	心理的な抵抗を表す表現
貸し手　借り手　レンタル　民泊	〜にくい　〜づらい	〜はちょっと 〜たくない

B7	地球の未来はどうなる？［身近な環境問題］	➡ p88
【環境に関する言葉】	推移を表す表現	調査内容の伝え方
リサイクル　SDGs　エコ 温室効果　二酸化炭素	〜ていく　〜てくる	〜によると 〜を調べてみたところ

B8	お大事にしてください［病気　痛み　体調を説明する］	➡ p91
【薬に関する言葉】	体調の伝え方	意見の募り方
風邪薬　胃薬　解熱剤　食後　効能 副作用　アレルギー	〜が痛いです　熱があります	皆さんはどう思いますか

B9	それ、流行っていますね［若者の文化　流行］	➡ p95
伝聞表現	【若者文化に関する言葉】	過去の願望を示す表現
〜と聞きました　〜らしいです	若者言葉　ポップカルチャー ブーム	〜が欲しかったです 〜にあこがれていました

B10	動物を飼いたいな［ペット　動物との共生］	➡ p98
【動物に関する言葉】	意志を示す表現	【野生生物の絶滅に関する言葉】
犬　猫　ペット　えさ　飼い主	〜しよう	外来種　検疫　絶滅　密猟　保護 ワシントン条約

B11	こんな施設があったらいいな［公共施設　地域との連携］	➡ p101
【公共施設・サービスに関する言葉】	願望の表現の仕方	取材をお願いするときの表現
図書館　公園　公民館　役所	〜といいな　〜たらいいな	お忙しいところすみません 〜についてお話をうかがえますか

B12	どういう現象かというと［複雑なことがらの説明　自然現象］	➡ p105
条件に関わる表現	順序立てて話すときの表現	【前置きの言葉】
〜ば　〜なら	第一に〜　第二に〜　最後に	簡単に言うと　少し複雑なのですが

B13	今のうちに準備しておこう［準備　段取り　作業分担］		➡ p108
準備に関する表現	**決定事項を伝えるときの表現**	**作業を分担するときの表現**	
〜ておきます	〜ことになってる	〜さんは〜を担当してください 〜さんは〜してください	

B14	それも一理あるけど［異なる意見を調整する］		➡ p112
譲歩に関する表現	**意見の求め方**	**理解を確認する表現**	
たしかに〜　しかし〜	〜ついてはどのように思われますか	それは〜ということでしょうか それは〜という意味ですか	

B15	街が抱える問題は［住居　景観　都市問題］		➡ p115
【都市問題に関する言葉】	**変化を表す表現**	**賞賛する表現**	
過密　過疎化　通勤ラッシュ 郊外　空き家　人口減少	〜ようになります 〜なくなります	〜が素晴らしいです 〜が魅力的です　〜が便利です	

【ユニットC】

C1	うまく伝わったかな［要点・特徴を捉える　わかりやすく伝える］		➡ p118
説明するときに使う表現	**簡潔に要約するときの表現**	**工夫したことを話すときの表現**	
〜とは　〜というのは	要するに　つまり	〜するようにしています　〜をする と便利です　〜はうまくいきました	

C2	地域社会の中で［協働　社会貢献］		➡ p123
【地域社会や住民参加に関する言葉】	**【国際交流に関する言葉】**	**目的を示す表現**	
町おこし　村おこし　特産品　名物	グローバル化　ランゲージエクス チェンジ（言語交換）　多文化共生	〜ように　〜ために	

C3	男女平等と言うけれど［ジェンダー　男女平等］		➡ p126
【男女平等に関する言葉】	**正しいと思うことの述べ方**	**身近な事例を伝える表現**	
就業率　進学率　育児　家事分担 ガラスの天井　LGBT　男尊女卑	〜べきです　〜たほうがいいと思い ます　〜しなければなりません	私の周囲では〜 個人的な経験なのですが〜	

C4	私のストレス解消法［リラックス　余暇　仕事と家庭生活］		➡ p129
【余暇や休息に関わる言葉】	**グラフや表の説明の仕方**	**気分や感情を伝える表現**	
ワークライフバランス ストレス解消	〜を見ると〜がわかります これは〜を表しています	楽しいです　うれしいです ワクワクします　イライラします	

C5	相談してみよう［問い合わせ　相談］		➡ p132
共感の示し方	**困っていることの伝え方**	**相談の仕方**	
大変でしたね　大丈夫でしたか お手伝いできることはありますか	〜のことで困っています	相談したいことがあるのですが… どうすればいいですか	

C6	それは確かですか？［ソーシャルメディア　ネットリテラシー　ICT（情報通信技術）］		➡ p135
【インターネットに関する言葉】	**情報源を示す表現**	**【ネット依存に関する言葉】**	
SNS　個人情報　アップロード 拡散	〜によると　〜によれば	ひきこもり　コントロール バーチャル　課金	

C7	伝統文化を守りたい［伝統工芸　伝統文化］	➡ p138
【伝統文化に関する言葉】	**評判の伝え方**	**アドバイスの仕方**
着物　和紙　漆器　日本舞踊　能 歌舞伎	～で有名です ～で知られています	ここは～のほうがいいと思います ～てはどうですか

C8	アルバイトでもしようかな［仕事　面接］	➡ p141
【仕事やアルバイトに関する言葉】	**面接でよく使う敬語表現**	**自分の理想を伝える表現**
時給　資格　シフト　アピール	～ております　～てまいります	私の理想の～は～です

C9	雑談が苦手なんです［雑談　コミュニケーション］	➡ p144
話題を示す表現	**話題の変え方**	**フィラー（会話のすき間を埋める言葉）**
～って　～といえば	さて　ところで　そういえば	あの　えぇと　うーん

C10	書き出してみようか［比較検討　問題解決］	➡ p147
原因の示し方	**対比を示す表現**	**違う視点を提供する表現**
～せいで　～によって	一方で～　他方で～	～と考えることもできるよね ～という考え方もあるよ

C11	行事を楽しもう［季節　年中行事　風物詩］	➡ p150
【季節に関する言葉】	**季節の移り変わりに関する表現**	**例示するときの表現**
春夏秋冬　花見　お正月 季節の移り変わり	～ともなると　～になると が近づくと　～終わりになると	～や～など　例えば

C12	いい雰囲気の街ですね［建築物　街並み　風景］	➡ p154
【建物や風景に関する言葉】	**たとえるときの表現**	**【作文に関する言葉】**
木造　石造り　オフィス街　海 盆地　街並み　見晴らし　条例	まるで～みたい	テーマ　段落　起承転結　序論・本 論・結論　要点　比喩

C13	体験して学ぼう！［体験型学習　体験］	➡ p157
【体験型学習に関する言葉】	**経験や体験について述べる表現**	**【行事の参加に関する言葉】**
林間学校　フィールドワーク　イン ターンシップ　工場見学　修学旅行	～たことがあります	団体料金　参加費　見学費用　事前 予約　人数制限　学生割引

C14	困ったなあ［選択　ジレンマ　決断］	➡ p160
決断するときの表現	**三つ以上のものを比較するときの表現**	**次に何が起こるか予測する表現**
～ことにします ～ことに決めました	～の中で一番　最も	もし～なら、きっと～　おそらく～ ～は～を引き起こします

C15	こんな見方もあるよね［異なる意見　価値観の理解］	➡ p164
立場を示す表現	**控え目に意見を述べる方法**	**異なる意見への理解の示し方**
～にとって　～として	～ではないでしょうか ～という面もあるので…	そういう考えもありますね

Q & A

ピア・ラーニングに関して

Q. ピア・ラーニングで日本語を学ぶ利点とは？

A. 　日本語教育の最終的な目標の一つは、多言語多文化社会の中で当該学習者が自分らしくいきいきと他者と協働できるようにすることです。ピア・ラーニングを取り入れて学習をすると、教室という小さな社会の中で、日本語を用いて周囲の人々と協力しあいながら課題を一つずつ解決していく経験を積み重ねることができます。学習者はさまざまな文化的背景を持つピアと互いの不足部分を補いながら学習することで、自分とは異なる視点や考え方に触れ、常に新しい自分を作り続けることになります。本書は学習者が社会の中で自律的かつ創造的に学ぶことができるように意識してデザインしました。

Q. 日本語レベルにばらつきがある学習者の場合、どのように協働するのでしょうか。

A. 　ピア・ラーニングでは日本語の習熟度が高い学習者が日本語を教えたり、逆に日本語は未熟であるものの経験豊かな学習者がグループをひっぱっていったりと、教師が主体となって教えているクラスでは見られない光景が展開されます。学習者は各々が持つ日本語知識、文化的背景、人生経験などを総動員しながらピアと一つの課題を達成していきますが、学習者自身が自分の考えや意見を伝えると同時に資料などを作成する力がなければ作業が進みません。自分の強みをいかしながら作業を分担し、ピアとともにによりよい結果を作り上げていくよう促してください。

Q. ピア・ラーニングにおいて、学習者に母語の使用を認めてもよいでしょうか。

A. 　私個人の立場としては、あえて母語を禁止する必要はないと考えております。もし、母語や共通言語で「おしゃべり」することに夢中になり、時間内に課題をクリアできないとすれば、それは課題に集中できていない環境自体に問題がないかと考えます。作業を円滑に進めるために、学習者の母語や共通言語を使用することは現実の社会ではよく見られることです。課題をクリアしているのであれば、その経過において母語や共通言語が飛び出すことは問題ありませんし、むしろ、母語や共通言語で時折確認しあうことで、より学習者本人が表現したかったことを引き出すことができる可能性もあります。

活動について

Q. 当校は45分授業なので、ユニット内のすべての内容を取り上げられません。

A. 　冒頭のスキット部分は、「聞きとろう」か、「言ってみよう」のどちらかを行うだけでもかまいません。また、活動もいくつかを選択して取り上げてくだされば結構です。
　また、カリキュラムの都合でところどころユニットを飛ばしたり、同じユニットを何度も行ったり、必要に応じてレベルの異なるユニットを扱ったりしても特に問題ありません。このテキストは、それぞれの学校事情や授業の特性に合わせて組み立てられる自由度の高い作りになっています。

Q. 会話が盛り上がらなかった場合、どう対応すればよいですか。

A. まず、次の二点を確認してください。
・活発に意見を出し合えるようなグループ構成になっているか
・難しすぎず、少しの支援があれば達成できる活動を選んでいるか
　この二点を満たしているにもかかわらず、会話が活発にならない場合は、学習者同士が発言を遠慮しあっている可能性が考えられます。そのような場合は、グループの進行役を決めると会話が活発になることがあります。また、机間指導の際にヒントを与えたり、会話に参加したりすることで、教師自身が多様な背景を持つ学習者との交流を楽しめば、会話はより一層活発なものになるのではないかと思います。

Q. 動画を作るという活動は、教師自身、あまりなじみがないのですが…。

A. この教材の中の活動に、「どうしてもしなければならない」というものはありませんので、「動画を作る」という活動から「教室で発表をする」活動に変更することも可能ですが、教師自身が学習者から学び、動画作りを一緒に楽しんでしまうことも一案です。動画の制作は以下のような利点があります。機会があれば取り入れてあげてください。

> 動画制作のメリット

・作業が多岐にわたり、どこかで自分の力を発揮するチャンスがある
・他者の視線を意識して言葉や表現を選ぶ練習になる
・動画の完成という明確なゴール設定があるので方向がわかりやすい
・動画という形あるものが手元に残り、客観的に自分たちの作業を振り返ることができる

Q. 当校では授業中の携帯電話の使用を禁止しています。調査が必要な活動はどう対応すべき？

A. 授業で取り入れる活動は先生が選んでいただけますので、教室になじまないものは扱わないという選択もあります。別の選択としては、①予習の段階で参考になりそうな資料を印刷して持ってくるように学習者に指示する、②教師が参考になりそうな資料を予め数種類印刷して学習者に使う資料を選ばせる、③調査をするところまでを宿題とし、学習者同士が連絡しあって一緒に資料を作ってから授業に臨む、などが考えられると思います。

Q. 活動の中で、発表や資料作りに十分な時間が取れない場合はどうすればよいですか。

A. 授業時間や学習者のレベルに合わせて、発表の仕方や資料の形式は柔軟に対応してください。場合によっては、簡略なものでも問題ありません。例えば、グループ活動でメモしたことを皆の前で話すだけという発表でもかまいませんし、資料は用紙に手書きしたものでもよいでしょう。

対象者について

Q. 全体的に想定レベルよりも難易度が高い気がします。

A. 例えば、ユニットAは「今現在CEFRのA1レベルであり、予習と少し手助けがあればユニットAの課題を完成させることのできる学習者」を想定して設問が作られています。ユニットAが学習者にとって難しいのではないかと感じた場合、必ずしも1クラスで1ユニットを終わらせる必要はありません。同じユニットを別のグループ構成で試してみたり、学習者に自信がつくまで同じユニットの別の問題にチャレンジをさせたりすることを検討してみてください。

Q. 本書はどのような教育機関での利用を想定していますか。

A. 次のような学びを実現するカリキュラムを組む高等教育機関が増えました。
①学ぶ意味と自分の人生や社会の在り方を主体的に結びつけていく「主体的な学び」。
②多様な人との対話や先人の考え方（書物等）で考えを広げる「対話的な学び」。
③各教科等で習得した知識や考え方を活用した「見方・考え方」を働かせて、学習対象と深く関わり、問題を発見・解決したり、自己の考えを形成し表したり、思いをもとに構想・創造したりする「深い学び」。

　本書はこのような学び方と親和性が高く、大学進学を考える留学生や、自律して学ぶ成人日本語学習者に最適にお使いいただけます。

Q. ボランティアとして日本語を教える場合、本書をどう活用すればよいですか。

A. 　この教材では学習者が主体となって仲間同士助け合いながら学習が進みます。まず、学習者同士が互いに信頼し、自分の考えや経験をシェアしながら学ぶことができる雰囲気を整えてあげてください。学習者のおおよその日本語レベルがわかったら、ユニットを一つ選んで取り組ませます。取り組んだユニットが簡単すぎたり難しすぎたりする場合は、その前後のユニットレベルを取り入れるなど適宜レベルの調整をしてください。
　また、必要に応じて資料探しを手伝ったり、話し合いのヒントとなりそうなことを伝えたりしながら、学習者自身が知識を構築していく過程をサポートしてあげてください。

対話文の言葉遣いについて

Q. スキットに常体と敬体がまざっているのは、何か理由があるのでしょうか。

A. 　母語話者は通常の会話の中で、常体と敬体を無意識のうちに織り交ぜています。親しい間柄で行う日常会話で、終始一貫して常体、または敬体で話し続けることのほうがむしろ稀です。本書では、できるだけ現実の社会に近い形での会話文を目指しました。

Q. スキットの会話文に、くだけた表現がありますが…。

A. 　この教材は比較的若年層を対象としています。この層の母語話者は、くだけた表現を用いたり、わざと粗雑な言葉を用いたりすることが少なくありません。学習者が母語話者の友人の話し方を聞いて、「冷たい」「乱暴だ」「はっきりと言わない」と感じることは、多くの研究が指摘するところです。留学生自身がくだけた表現を使えるようになる必要はありませんが、こういった若年層の話し方を理解しておく必要はあるでしょう。そこで本書では「大学の先輩」である「田中さん」に若年層の話し方を取り入れました。田中さんと会話をする「あなた」は留学生自身です。くだけた表現で話しかけられたときの答え方として、不自然ではない程度に丁寧に返答しています。また、巻末にくだけた表現の説明と言い換えの一覧を付けました。（➡p.167）

A1 これも食べたいな

食文化　食べ物の好き嫌い　食事に誘う

〈取り組む活動〉　1・2・3・4・5・6　⇒ 学習ノートで予習

Q 何を食べてみたいですか。

| 聞きとろう ⓒ CD 1-1 （　）に何が入りますか。 | 言ってみよう ⓒ CD 1-2 「あなた」のパートを話してみよう。 |

山田	料理の本を読んでるの？　どれ（　）とってもおいしそう。自分でごはんを作ったりしますか？
あなた	ときどき作ります。でも、ほとん（　）外食です。
山田	あ、そう。お店のメニューを見て、どんな食べ物かわかりますか？
あなた	日本のメニューは写真がのっている（　）らわかりやすいです。お店の外にあるプラスチックの料理も好きです。🔊本物そっくりで、よくできているなと思います。
山田	プラスチックの料理…。うーん、なんの（　）とだろうなあ。ああ、食品サンプルのことかな？
あなた	あっ、それです！「食品サンプル」。それを見る（　）、🔊いつもおなかがすくんですよ。

🔊 はアドリブでも OK！

話し合いましょう

活動 **1**

　あなたがよく食事に行くお店について話し合います。どんなお店がお気に入りですか。どうしてそのお店が好きですか。自分の好きなお店について、ペアになって話し合いましょう。あいづちを打ちながら聞き、聞き取れなかったことは聞き返しましょう。

活動 **2**

　あなたの好きな食べ物は何ですか。嫌いな食べ物は何ですか。アレルギーはありませんか。食べ物に関するエピソードとともに、ペアになって話し合いましょう。

活動 **3**

　先生を食事に誘います。どのお店を選びますか。グループで話し合いましょう。その後、食事に誘うメールを先生に書きましょう。

活動 **4**

　グループで、自分たちの故郷の有名な料理を紹介するポスターを作ることになりました。どのように紹介しますか。ポスターを作ってみましょう。

＊先生方へ：ポスターには、学習者個々の選んだ料理が並びます。同郷のクラスメートでグループが構成されている場合は全員で一つの料理を紹介してもかまいません。

18　A1　食文化　食べ物の好き嫌い　食事に誘う

活動 5

　友達（ともだち）と立食（りっしょく）パーティーに来（き）ました。いろいろな料理（りょうり）が並（なら）んでいますが、友達（ともだち）はどれを食（た）べればよいのかわからないようです。手伝（てつだ）ってあげてください。

〈ロールカードＡ〉

　Ｂさんの好（す）きな食（た）べ物（もの）や苦手（にがて）な食（た）べ物（もの）を聞（き）いて、Ｂさんの好（す）きそうな料理（りょうり）をすすめてください。

〈ロールカードＢ〉

　あなたの好（す）きな食（た）べ物（もの）や苦手（にがて）な食（た）べ物（もの）を伝（つた）えてください。Ａさんのすすめる料理（りょうり）がどんなものか、Ａさんに聞（き）いてください。あなたも食（た）べられそうですか？

活動 6

　学校周辺（がっこうしゅうへん）にある、おいしい店（みせ）をクラスメートに紹介（しょうかい）しましょう！　ペアになって、お互（たが）いにおすすめのお店（みせ）について聞（き）いてください。その後（あと）、クラスのみんなに紹介（しょうかい）しましょう。

〈発表原稿（はっぴょうげんこう）〉

　私（わたし）は学校（がっこう）の近（ちか）くにあるおいしいお店（みせ）、「よしだ食堂（しょくどう）」を紹介（しょうかい）します。とても安（やす）くておいしいです。
　朝早（あさはや）くから開（ひら）いていて、朝（あさ）ごはんを食（た）べることもできます。
　朝（あさ）ごはんは「和食（わしょく）」と「洋食（ようしょく）」から選（えら）ぶことができます。私（わたし）はいつも和食（わしょく）を選（えら）びます。おいしいので、みなさん、ぜひ行（い）ってみてください。

＊先生方へ：学習者のレベルによっては、見本の発表原稿を参考にして、部分的に表現を変えるだけでもかまいません。

私の家族は、こんな人たちです！

自分　友達　家族　紹介する

〈取り組む活動〉　1・2・3・4・5・6・7・Column ⇒ 学習ノートで予習

Q 実家の人とよく電話をしますか。

聞きとろう　◎CD 1-3	言ってみよう　◎CD 1-4
（　）に何が入りますか。	「あなた」のパートを話してみよう。

鈴木	今度の連休は、実家（　）帰るの？
あなた	うーん、帰る（　）思います。●⁝家族が帰って来いって言っていますから。
鈴木	うん、帰ってあげたら、みんな喜ぶと思うよ。
あなた	でも、うちの実家、弟や妹がいて、ワーワーうるさいん（　）すよ。それに、毎日親戚が押しかけてくるので、●⁝家（　）はなかなか勉強できません。
鈴木	うんうん。やっぱり久しぶりに実家に帰るとそうなっちゃう（　）ね。でもさ、連休くらいは勉強からちょっと離れ（　）、家族と過ごすのもいいかもしれないよ。

●⁝はアドリブでもOK！

話し合いましょう

活動 **1**

　あなたがよく出かける場所はどこですか。どうしてその場所が好きですか。ペアになって話し合いましょう。

活動 **2**

　あなたの学校はどのような特徴がありますか。学校生活のどんなところを気に入っていますか。ペアになって話し合いましょう。

活動 **3**

　ペアになって、クラスメートがどんな人かを聞きましょう。その後、クラスメートをグループのみんなに紹介してください。

名前と出身地	
故郷の観光地や特産品	
趣味・特技	
休みの日の過ごし方	
好きな動物	

家族や友達の写真を見せながら、グループのみんなに紹介しましょう。

活動 **5**

　子どものころ、あなたは友達とどんな遊びをしていましたか。どんな思い出がありますか。あなたはクラスメートと同じような経験をしたことがありますか。グループで話し合いましょう。

活動 **6**

　小学校、中学校、高校のうち、あなたが一番印象に残っているのはいつですか。なぜですか。エピソードをまじえて、グループで話し合いましょう。

活動 **7**

　クラスで「友達に読んでもらいたい本」を紹介することになりました。あなたはどの本を選びますか。なぜですか。クラスメートに本を紹介してください。

"私"について考えてみよう

急に自分のことを聞かれても、困ってしまいますね。ふだんから整理しておきましょう。

名前の由来、誰が命名したか	
なぜ日本語の勉強を始めたか	
好きな映画・好きな理由	
好きな本・好きな理由	
好きな歌手・好きな理由	
人生で一番うれしかったこと	
海外生活で不便だなと感じるところ	
今一番心配していること	
一番好きな場所	
ストレス解消法	
今一番力を入れたいこと	
あこがれの仕事	
行ってみたい場所	
やってみたいこと	
時間があるときにやっていること	
好きなかばんや靴、洋服のスタイル	
子どものころ習っていたこと	

A3 どうやって行けばいいですか

道案内　移動　場所を伝える

〈取り組む活動〉　1・2・3・4・5・6・7　⇒ 学習ノートで予習

Q おや、道に迷っているようです。あなたなら声をかけますか。

聞きとろう　◎CD 1-5
（　　）に何が入りますか。

言ってみよう　◎CD 1-6
「あなた」のパートを話してみよう。

あなた	あの…。何かお困りです（　）？
旅行者	あ、すみません。ガーデンホテルへ行きたい（　）ですが…。
あなた	それならバス停（　）ところまでまっすぐ行ってください。その交差点（　）右に曲がるとガーデンホテルですよ。
旅行者	ありがとうございます。郵便局（　）も行きたいんですが、近くにありますか。
あなた	郵便局ですか？　◉ミ ちょっとスマホで見てみますね。ホテルのすぐ向かいにある（　）たいですよ。あ、ほら、ここです。
旅行者	あ！ 本当ですね。あの…、バス停からは、どこ行きのバスが出（　）いますか。
あなた	◉ミ ごめんなさい、バスのことはあまり詳しくなくて…。
旅行者	（　）えいえ、助かりました！　どうもありがとうございました。

◉ミ はアドリブでも OK！

話し合いましょう

活動 1

あなたの学校周辺にはどんな施設がありますか。ペアで話し合い、簡単な地図をかきましょう。

活動 2

あなたの学校周辺にはどのような観光スポットがありますか。今いる場所からどう行けばいいですか。ペアになって行き方を調べ、ノートにまとめましょう。

＊先生方へ：教室内でスマホやタブレット、パソコン等の利用を許可していない場合、各自予習の段階で調べてくるよう促してください。

活動 3

写真を見て、今自分がどんな場所にいるか、相手に伝えましょう。聞き取れなかったことは聞き返しましょう。

活動 **4**

　タクシーに乗ります。無事に目的地に着くために、タクシーの中でどのような会話をすればいいでしょうか。ペアになってヒントをもとに話し合いましょう。その後、タクシー運転手と乗客に分かれ、ロールプレイをしましょう。相手が話しているとき、「はい」「なるほど」など合いの手をいれましょう。

> **！ヒント**
>
> 目的地までの距離 ／ 所要時間 ／ 金額 ／ カードが使えるか ／ 目的地のそばに停車可能か

〈 ロールカード A 〉

　あなたは運転手です。乗客を車に乗せて乗客の話を聞いてください。

〈 ロールカード B 〉

　あなたは乗客です。目的地に着くために必要なことを運転手に聞いてください。

活動 **5**

　友達が飲み物を欲しがっています。どこに行けば買えるか、行き方を教えてあげましょう。

活動 **6**

　ホテルのフロントで、目的地までの行き方を聞いています。説明が早口だし、複雑で聞き取れません。スマホを見てもよくわかりません。このような場合、あなたはどのように解決しますか。友達はどのような解決法を選びましたか。どの方法がよいと思いますか。グループで話し合いましょう。どのグループが一番たくさんの解決法を考えましたか。

> **例**
>
> ゆっくり話してもらう ／ 地図を見せてもらう　など

グループで動物園に来ました。今はそれぞれが自由行動をしています。あなたがどこにいるのかを電話で友達に知らせてください。また、自由行動が終わったらどこで合流するか、話し合って決めましょう。

A4　財布を持ち歩きません

買い物　欲しいもの

〈取り組む活動〉　1・2・3・4・5・6　⇒ 学習ノートで予習

Q いつも現金で買い物をしますか。

聞きとろう　◎CD 1-7	言ってみよう　◎CD 1-8
（　）に何が入りますか。	「あなた」のパートを話してみよう。

山田	いつもケータイを使って支払いしてい（　）んですか？
あなた	はい、だいたいスマホ決済で（　）。スマホでピッと払っ（　）います。 ◍最近、あまり財布（　）持たなくなりました。山田さんは？
山田	私がふだん行く店は現金しか使えない店（　）多いから、いつも現金で買い物するかな。でも旅先で（　）お金を持ち歩きたくないから、クレジットカードを使うことが多いですよ。
あなた	そうですか。私はクレジットカード（　）まだ持っていないんです。◍スマホ決済も便利です（　）。
山田	でも、ケータイの電池がなくなった（　）どうするの？
あなた	ええと、いちおう、いざというときのため（　）少額の現金も持っています。

◍はアドリブでもOK！

話し合いましょう

活動 1

あなたの実家では食料品を買うとき、スーパー、コンビニ、ネットスーパー、市場のうちどこを一番利用していますか。なぜだと思いますか。ペアになって話し合いましょう。聞いているときはあいづちを打ち、ときどき詳しく質問してみましょう。

活動 2

インターネットで買い物をするときには、何に注意しなければならないと思いますか。ペアになって話し合いましょう。その後、ロールプレイをしましょう。

〈 ロールカード A 〉

あなたはインターネットの買い物は怖いからやめたほうがいいと考えています。Bさんにその危険性を教えてください。

〈 ロールカード B 〉

インターネットの買い物は便利で、日常生活から切り離すことはできません。Aさんにその利便性を教えてください。

活動 3

あなたが最近買ったものの中で、とても満足しているものは何ですか。グループで話し合いましょう。

活動 4

「安物買いの銭失い」とはどういう意味ですか。例をあげて説明してください。あなたはこのような経験をしたことがありますか。グループで話し合いましょう。

誕生日に欲しいものはなんですか。クラスの中を自由に移動して、いろいろな人にインタビューをしましょう。聞き取れなかったことは、くり返してもらいましょう。

活動 **6**

　欲しいものを探しているとき、お店の人とどのような会話をしますか。ペアになって買い物のロールプレイをしましょう。

〈 ロールカード A 〉

　あなたは買い物客です。かばんを探しています。探しているかばんの特徴を伝えましょう。

〈 ロールカード B 〉

　あなたはかばん屋のアルバイトです。対応しましょう。

週末は何して過ごす？

日常生活　過ごし方

〈取り組む活動〉　1・2・3・4・5・6　⇒ 学習ノートで予習

Q 週末、どこかに出かけましたか。

聞きとろう　◎CD 1-9 （　）に何が入りますか。	言ってみよう　◎CD 1-10 「あなた」のパートを話してみよう。

山田	あれ？　なんだか日に焼け（　）…？
あなた	ああ、そう（　）もしれません。週末に、ずっとガーデニング（　）していたので。最近 ◉ガーデニング（　）はまっているんです。
山田	へえ、ガーデニングですか。いいですね。何（　）育ててるんですか？
あなた	ええと、今は ◉トマトを育てています。
山田	そう。私も昔、なすやピーマンなんか（　）庭で育ててたんですよ。
あなた	ときどき土をさわる（　）は楽しいですよね。ガーデニングをしている（　）◉時間を忘れます。
山田	そうだよね。週末にそういう趣味があるのっ（　）、すごくいいよね。私もまた、何か育てようかな。

◉ はアドリブでもOK！

活動 **1**

最近話題になったニュースを1つ選び、ペアになって話し合いましょう。聞いている人は、あいづちを打ちながら聞き、内容について2つ質問をしましょう。

活動 **2**

先週末、あなたはどのように過ごしましたか。驚いたことや、うれしかったことはありましたか。グループで話し合いましょう。聞いているときは、あいづちを打ちながら話の内容のメモを取り、誰が何をしていたか説明できるようにしましょう。

友達の名前	先週末の出来事

活動 **3**

ジョギングやスイミング、アロマテラピーなど、あなたが取り入れている健康法について話し合います。何を取り入れていますか。週に何回行いますか。グループで話し合いましょう。

活動 4

リラックスしたいとき、あなたは何をしますか。友達はどうやって過ごしていますか。グループで話し合いましょう。聞いているときは、あいづちを打ったり、話している人にときどき質問したりしましょう。

活動 5

週末、みんなでワイワイ見るのにおすすめの映画はなんですか。どんなタイトルですか。どんな内容ですか。クラスの中を自由に移動して、3人の友達にインタビューをしましょう。聞き取れなかったことは、くり返してもらいましょう。

友達の名前	おすすめの映画	内容

活動 6

あなたはふだん部屋でどのように過ごしますか。部屋には何がありますか。あなたのお気に入りのものは何ですか。となりの人と話しましょう。

旅行に行こうかな

景勝地　旅行

〈取り組む活動〉　1・2・3・4・5・6　⇒ 学習ノートで予習

Q 旅行してみたい場所がありますか。

聞きとろう ◎CD1-11 ( ) に何が入りますか。	言ってみよう ◎CD1-12 「あなた」のパートを話してみよう。

田中	今度の三連休、どこ（　）旅行に行こうかな。
あなた	いいですね！　で（　）、観光地は◗₷混んでいるかもしれませんよ。
田中	うーん。近場（　）いいんだけど、連休はやっぱり（　）こも人でいっぱいかなあ。バスなんかもぎゅうぎゅうづめ（　）もしれないね。
あなた	近場って、◗₷どういうところですか？
田中	ええとね。ここからあまり離れていなく（　）、ぱっと気軽に行けるところ。
あなた	なるほど！　◗₷近い（　）ら、移動が大変じゃなくていいですね。
田中	何かおいしいものを食べたい（　）あ。温泉（　）あったら最高なんだけど。

◗₷ はアドリブでも OK！

話し合いましょう

活動 **1**

　日本や世界の観光地で、行ってみたいのはどこですか。そこは何が有名ですか。ペアになって話し合いましょう。

活動 **2**

　日本で体験してみたいことはなんですか。なぜですか。グループで話し合いましょう。

活動 **3**

　あなたの故郷に友達を招待することになりました。見どころや、気をつけたほうがよいことなどをグループで話しましょう。

❶ヒント

有名なところ ／ 有名な食べ物 ／ 最適な季節 ／ 体験できること ／ 移動手段

活動 **4**

　3泊4日の旅行へ行くことになりました。どこへ行って何をしますか。旅行パンフレットを参考に、グループでプランを立てましょう。

❶ヒント

国内旅行 ／ 海外旅行 ／ 目的 ／ 移動手段 ／ 予算 ／ 持っていくもの

＊先生方へ：旅行のパンフレットを旅行代理店やインターネット等で入手して配布してください。

活動 5

　一番印象に残っている旅行先や経験をグループで話し合いましょう。あいづちを打ちながら聞き、興味を持ったところは、質問をしましょう。

友達の名前	旅行先	思い出に残る体験

活動 6

　夏休みに友達と旅行に行きます。山と海、どちらに行きたいですか。山か海か、どちらかのグループに分かれて、どんな魅力があるか話し合いましょう。

私たちは「　　　　　　　」に行きたいです。

魅力的なところ
・
・
・
・
・
・
・

きっかけになるといいな

きっかけ　手順

〈取り組む活動〉　１・２・３・４・５　⇒　学習ノートで予習

Q 日本語を勉強し始めた理由を覚えていますか。

聞きとろう ◎CD 1-13	言ってみよう ◎CD 1-14
（　）に何が入りますか。	「あなた」のパートを話してみよう。

あなた	山田さん、こんにちは！　素敵（　）着物ですね。
山田	こんにちは。今日の国際交流会、いっぱい楽しんでいってね。あちらで生け花や茶道の体験イベントも（　）ってるから、よかったら行ってみて。
あなた	はい、行ってみます！　今日は着物の方が多いですね。●ﾐ 着物を着る（　）は大変ですか。
山田	着る順番（　）え覚えてしまえば、そこまで時間をかけずに着られるものなんですよ。これをきっかけ（　）、海外から来た皆さんが着物に興味を持ってくれたら、うれしいなあ。
あなた	きっとみんな、興味がある（　）思いますよ。着物って本当（　）きれいだなあ。

●ﾐ はアドリブでも OK！

話し合いましょう

活動 1

日本語を勉強し始めたきっかけはなんですか。ペアになって話し合いましょう。

活動 2

友達と、簡単な料理の仕方について話しています。それぞれどのような手順で作りますか。ペアになって話し合いましょう。

◆作る料理◆
・袋入りインスタントラーメン
・ハムエッグサンド

活動 3

日本に来る留学生に、生活準備のお知らせを作ることになりました。（ア）～（エ）は、それぞれどのように手続きすればよいですか。自分が苦労したことを参考に、やることの手順とアドバイスをグループで話し合いましょう。

（ア）銀行口座の開設　　　　　　　　（イ）携帯電話の購入や SIM カードの契約
（ウ）図書館の利用者登録　　　　　　（エ）その他（　　　　　　　　　　　　　）

例えば「生活用品の購入」なら…

まず必要なものをメモに書き出すよね。そのあと、近所のスーパーに買いに行くでしょう。それでも足りないものは、インターネットで探して……

ちょっと待って！その前に、ネットの掲示板を探すといいよ。不用品を無料でゆずってもらえることもあるから。

毎月10日に、駅前でフリーマーケットがあるよね。それにフリマアプリを使うのもおすすめだよ！

＊先生方へ：留学生へのアドバイスをできる限り多く考えるように促してください。

活動 4

あなたはアルバイトを始めたばかりです。アルバイト先で、自分の好きな芸能人や有名人、スポーツ選手について話しています。みんなは誰が好きだと話していますか。あなたは誰が好きですか。好きになったきっかけは何ですか。教室の中を自由に移動して、みんなにていねいな言葉で聞いてみましょう。

友達の名前	好きな芸能人・有名人・スポーツ選手	好きになったきっかけ	どこが好きか

＊先生方へ：できるだけ丁寧な話し方で情報を得るよう促してください。

活動 5

趣味やスポーツ、日本語学習などで、最近何か新しいことを始めましたか。きっかけは何でしたか。それを始めてから何ができるようになりましたか。グループで話し合いましょう。

友達の名前	始めたこと／きっかけ	できるようになったこと

A8　これは何をしているところですか？

様子・動作を表現する

〈取り組む活動〉　1・2・3・4・作文・ゲーム ⇒ 学習ノートで予習

Q 子どものころ、何をしているときが一番楽しかったですか。

聞きとろう　CD 1-15
（　）に何が入りますか。

言ってみよう　CD 1-16
「あなた」のパートを話してみよう。

田中	週末に実家へ帰ったと（　）に、こんなものを見つけたよ。なつかしくて、（　）い、持ってきちゃった。一生懸命走ってるでしょう？
あなた	●ミ こっち（　）田中さんですか？　前を走っている子（　）追いぬきそうですね。
田中	うん。この後、追い（　）いて一等賞をもらったんだよ。すごくうれしかったから、いまだ（　）よく覚えてる。
あなた	ああ、（　）のメダルはその時の！　●ミ ずっと大切にとって（　）ったんですね。
田中	そう、先生（　）手作りメダル。かわいいでしょう。
あなた	ん？　この写真…●ミ 手に持っている（　）のは何ですか？
田中	どれどれ。あ、これはバトンだ（　）。落（　）す子がたくさんいたなあ。

●ミ はアドリブでも OK！

話し合いましょう

活動 **1**

下の写真の人たちは、何をしていますか。となりの人に説明しましょう。

活動 **2**

子どものころ、何をしているときにほめられましたか。何をしているときにしかられましたか。クラスの中を自由に移動して、5人の友達にインタビューをしましょう。聞き取れない言葉はくり返してもらいましょう。

友達の名前	ほめられたのは…	しかられたのは…

様子・動作を表現する 41

子どものころ、どんな習い事をしていましたか。何をしなければなりませんでしたか。ペアになって話し合いましょう。

私はサッカーを習っていました。毎日、家でリフティングやドリブルの練習をしなければなりませんでした。毎週日曜日は試合に出なければならないので、どこかへ遊びに行くことはできませんでした。

写真の人たちはどんな様子ですか。どんな状況で、何を考えていると思いますか。グループで話し合いましょう。

＊先生方へ：活動1では、人物の「行動」について説明します。ここでは写真の人物が出している雰囲気、推測できる状況、考えていることなどを想像したうえでの話し合いを促してください。

作文を書こう！

あなたは10年後の今日、何をしていると思いますか。
作文を書いて発表しましょう。

ゲームでアウトプット！

ジェスチャーゲームをしましょう。ジェスチャーをする人は、声を出してはいけません。
見ている人は、何を表現しているのか当てましょう。

A 「どんなスポーツでしょうか？」クイズ
（サッカー、水泳、テニス、卓球、それとも…？）
→どのスポーツをしているところか、見ている人にジェスチャーで伝えましょう！

B 「何をしているのでしょうか？」クイズ
（料理、窓ふき、掃除、楽器演奏、それとも…？）
→何をしているところか、見ている人にジェスチャーで伝えましょう！

C 「どんな職業の人でしょうか？」クイズ
（運転手、農家、歌手、それとも…？）
→どんな職業の人か、見ている人にジェスチャーで伝えましょう！

D 「私は何が欲しいのでしょうか？」クイズ
（車、パソコン、プライベートジェット、それとも…？）
→あなたが今欲しいものを、見ている人にジェスチャーで伝えましょう！

A9 ピアニストになりたかったな

将来の夢　仕事

〈取り組む活動〉　1・2・3・4・5　⇒ 学習ノートで予習

Q やってみたい仕事がありますか。

聞きとろう　 🔊 CD 1-17	言ってみよう　 🔊 CD 1-18
（　）に何が入りますか。	「あなた」のパートを話してみよう。

田中	子どものころはピアニストになり（　）かったなあ。
あなた	🗨 小学生くらい（　）ときですか？
田中	そう。ピアニスト（　）のあこがれだけで、ピアノを習い始めたなあ。ピアノコンサートに行ったの（　）、きっかけだった気がする。
あなた	ピアノはいつ（　）で続けたんですか。
田中	高校（　）では続けたけど…。大学受験前にやめちゃった（　）だ。
あなた	ああ、勉強が忙し（　）て…。🗨 それは残念でしたね。
田中	でも実家（　）はまだピアノがあるから、帰るとよく弾いたりしてるんだ。やっぱりピアノ、好きなんだよね。

🗨 はアドリブでも OK！

話し合いましょう

活動1

　子どものころ、どんな職業にあこがれましたか。そう思うようになったのは、何がきっかけでしたか。ペアになって話し合いましょう。聞き取れなかったことは、くり返してもらいましょう。

活動2

　将来、日本と出身国のどちらで働きたいですか。なぜですか。クラスの中を自由に移動して、クラスメート5人にインタビューをしましょう。

私／友達の名前	働きたい場所	理由
私		

活動 3

　将来、AI（人工知能）が代わることのできない仕事はなんですか。なぜそう思いますか。グループで話し合いましょう。

活動 4

　日本の伝統的な仕事を調べ、発表することになりました。グループで伝統的な仕事を1つ選んで発表しましょう。

活動 5

　ある小学校で、子どもたちに「将来なりたい職業」を聞いて結果をまとめました。女子に人気の仕事は、医療や教育に関する職種でした。男子は、スポーツ選手のほかにインターネットの動画を制作する職種が上位に入りました。あなたの故郷の小学校で同じ調査をしたら、どんな結果になると思いますか。なぜですか。グループで話し合いましょう。

「将来なりたい職業」ランキング

	男子児童			女子児童	
1位	サッカー選手・監督	152 票	1位	看護師	132 票
2位	動画制作	120 票	2位	獣医	125 票
3位	建築家	78 票	3位	保育士	83 票
4位	ゲーム制作	73 票	4位	教師	79 票
5位	野球選手	45 票	5位	美容師	48 票

A10 ちょっと運動しようかな

スポーツ　運動

〈取り組む活動〉　1・2・3・4・5・6　⇒ 学習ノートで予習

Q 健康的な生活ができていますか。

<table>
<tr><td>

聞きとろう　◎CD 1-19

（　）に何が入りますか。

</td><td>

言ってみよう　◎CD 1-20

「あなた」のパートを話してみよう。

</td></tr>
</table>

田中	オリンピックの陸上、日本代表選手が決まったっ（　）！
あなた	つい（　）決まりましたか！
田中	オリンピック選手っ（　）かっこいいよね。あこがれちゃうなあ。
あなた	そうですね。🎤毎日厳しいトレーニングをつん（　）いるんでしょうね。
田中	技術だけじゃなく（　）、メンタル面のトレーニングもありそうだよね。
あなた	アスリートは、プレッシャーをはね返す力（　）すごそうですね。
田中	私は週末のんびり運動するくらい（　）いいや。
あなた	私も楽しく体を動かすくらい（　）いいかな。それにしても最近運動不足だから、🎤週末はジムに（　）も行ってこようと思います。

🎤 はアドリブでも OK！

スポーツ　運動　**A10**　47

話し合いましょう

活動 1

あなたの国で盛んなスポーツはなんですか。なぜ人気だと思いますか。ペアになって話し合いましょう。

活動 2

スポーツについて、友達と話しています。体験をもとにペアになって話し合いましょう。

> **❗ヒント**
>
> どんなときにスポーツをするか ／ スポーツをした後の気分 ／ おすすめの運動系アプリ　など

活動 3

来週、老人ホームへ行って、お年寄りと交流をするボランティア活動を行います。お年寄りにおすすめの運動はありますか。なぜその運動をおすすめしますか。グループで話し合い、紹介する運動を決めましょう。

活動 4

グループで、市民運動会に行くことになりました。「大玉転がし」「二人三脚」「ダンス」は誰でも参加できるそうです。どの種目に参加しますか。グループで話し合い、参加する種目を決めましょう。

大玉転がし

二人三脚

ダンス

活動 5

　グループでドッジボール大会に出場します。毎日グループ全員で、一生懸命練習をしました。しかし、あなたは最近体調があまりすぐれず、できれば大会に参加したくありません。このようなとき、グループのメンバーにどのように事情を説明すればいいと思いますか。グループで話し合いましょう。

*先生方へ：必要に応じて、最初に婉曲表現を教えたのちに話し合い活動に入らせてください。机間指導時、言い出しにくいことをやわらかく伝えられるようサポートをしてください。

活動 6

　幼稚園児にスポーツを1つ紹介します。どのように紹介しますか。グループで話し合いましょう。その後、かんたんな紹介動画を作りましょう。

☆私たちのグループは
「 リレー ／ サッカー ／ 卓球 ／ 柔道 」を紹介します!

使う道具

勝ち負けの決まり方

してはいけないこと

*先生方へ：動画は、学習者が身振り手振りで説明したりイラストを使って説明したりしている様子を、スマートフォンのカメラ機能を使って1分程度撮影するだけでも十分です。動画制作のメリットは Q&A をご覧ください。

A11　新しい習慣

新しい習慣

日課　スケジュール　習慣

〈取り組む活動〉　1・2・3・4・Column・5　⇒ 学習ノートで予習

Q 早寝早起きをしていますか。

聞きとろう ◎CD1-21	言ってみよう ◎CD1-22
（　）に何が入りますか。	「あなた」のパートを話してみよう。

あなた	最近、夜遅く（　）でレポートを書いているから、朝起きられなくて…。
山田	ああ、もうすぐ締め切り（　）レポートがあるって言ってましたね。
あなた	そのレポート（　）なかなか終わらないんです。◦全然集中できていない気（　）します。
山田	夜、勉強するの（　）大変ですよね。家に帰るころ（　）は、もう疲れているんじゃないですか。
あなた	やっぱり早寝早起き（　）して、朝に勉強したほうがいいんでしょうか。
山田	うん、そうしたほうがいい（　）思うよ。
あなた	◦じゃあ、ちょっとがんばってみます。

◦ はアドリブでも OK！

話し合いましょう

活動1

いつもしていることはありますか。日課についてペアになって話し合いましょう。

	平日にしていること	休日にしていること
朝		
昼		
夜		

活動2

日本の習慣の中で、あなたの国にないものは何ですか。また、日本に暮らし始めてから取り入れることにした習慣はありますか。なぜですか。ペアになって話し合いましょう。

活動3

Aさんは定期健診で「健康のために生活習慣を改善しなければ、この先病気になりますよ」と医者に言われました。BさんはAさんの親友です。BさんはAさんに生活を改めてほしいと思っています。ロールプレイをしましょう。

〈ロールカードA〉

あなたは健康によくない生活を送っています。自分の生活についてBさんに話してください。

例

運動はきらい／食事はインスタント食品／夜遅くまで友達とチャット／いつも寝不足　など

〈ロールカードB〉

Aさんが心配です。やさしくアドバイスをしてください。

あなたが在籍する体育学部健康管理学科は、市内の小・中・高校生に生活習慣についてのアンケートをしました。グループに分かれ、データから読み取れることに自分たちの考察を加えた資料を作り、クラスで発表しましょう。

生活習慣アンケート　集計結果

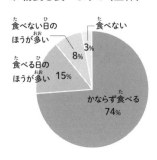

Q. 朝食を食べますか（全体）

- 食べない　3%
- 食べない日のほうが多い　8%
- 食べる日のほうが多い　15%
- かならず食べる　74%

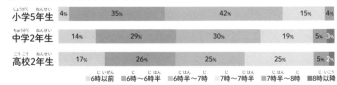

Q. 朝、起きるのは何時ごろですか

	6時以前	6時〜6時半	6時半〜7時	7時〜7時半	7時半〜8時	8時以降
小学5年生	4%	35%		42%	15%	4%
中学2年生	14%	29%	30%	19%	5%	3%
高校2年生	17%	26%	25%	25%	5%	2%

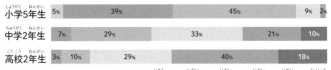

Q. 夜、寝るのは何時ごろですか

	21時前	21時台	22時台	23時台	0時台	1時以降
小学5年生	5%	39%		45%	9%	2%
中学2年生	7%	29%	33%	21%	10%	
高校2年生	3%	10%	29%	40%	18%	

Column

やる気がなくても大丈夫!?

「やる気が出ないな」という気持ちだったのに、机に向かってなんとなく勉強を始めたら、あっという間に2時間が経過していた。こんな経験をしたことはありませんか。

やる気になるまで待っていても、なかなか脳は「やる気」を出してくれません。一方で、10分ほど手先を動かし続けていると、脳はだんだん「やる気」を出してくれることが研究の結果わかっています。

このような脳の働きを、ドイツの医師クレペリンは「作業興奮」と名付けました。こうした脳の働きは、勉強以外のシーンでも見られます。

例えば「健康のために走ると決めたけれど、今日はそんな気になれない」というときや、「読書をしたほうがいいのだけれど、面倒だ」というときも、ほんの少し行動してみると当初の目標をクリアできたりします。やる気になるのを待つのではなく、まずは行動してみることが大切なのです。

Q1. あなたは筆者の考えに賛成ですか。反対ですか。なぜですか。

Q2. 勉強に対してやる気が出ないとき、あなたはどうしていますか。

活動5

　聞き取り調査をします。テーマは「スケジュールがぎっしりつまっていると安心するタイプ？　プレッシャーに感じるタイプ？」です。クラスの中を自由に移動して、5人の友達に聞き取り調査を行い、結果を発表しましょう。

質問① あなたはどちらのタイプですか。

A：スケジュールがぎっしりつまっていると安心する

B：スケジュールがぎっしりつまっているとプレッシャーに感じる

質問② なるほど、ありがとうございます。次に、そう思う理由を教えてください。

（例）

● 毎日充実している感じがするから。
● 予定が入っているほうがさみしくないから。
● 暇な人だと思われたくないから。
● ゆとりがあるほうが好きだから。
● 一人の時間も大切にしたいから。
● その日の気分で行動を決めたいから。

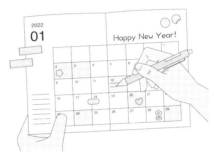

質問は以上です。ありがとうございました！

友達の名前	①タイプ	②そう思う理由

A12　これをしなければ

すべきこと　してはいけないこと

〈取り組む活動〉　1・2・3・4・5　⇒ 学習ノートで予習

Q 夏休みにやらなくてはならない宿題は多かったですか。

聞きとろう　◎CD 1-23　　　　**言ってみよう**　◎CD 1-24

（　）に何が入りますか。　　　　「あなた」のパートを話してみよう。

田中	この間、実家に帰ったんだけどね、妹の宿題が山のよう（　）たまってたの。絵日記なんて（　）っ白だったよ。
あなた	そうだったんですか。妹さん、🎤夏休みだ（　）ら遊んじゃったんですね。
田中	私が小学生のとき（　）、午前中に宿題やらないと遊びに行っちゃダメだったけどな。うちの親、妹に（　）甘いんだよね。
あなた	小学校の夏休みはどう過ごしたか（　）。🎤私もたしか午前中、勉強とピアノの練習をしない（　）いけなかった気がします。
田中	やっぱりやるべきこと（　）やってからだよね。遊びに行くの（　）。
あなた	まあ、そういう習慣はだんだんと身につい（　）いきますよ。

🎤 はアドリブでも OK！

活動 1

ペアになり、イラストの中の職業から1つ選んで、しなければならないことをいくつか話しましょう。聞いている人は、どの職業の人の話をしているのか当てましょう。

> この人は毎日トレーニングをしなければなりません。それから、健康的な食事をしなければなりません。また、十分に睡眠をとらなければならず、夜ふかしはあまりできません。それに、けがをしてはいけません。仕事中、たくさん走らなくてはいけません。この人の仕事はなんでしょう。

活動 2

風邪を引いたとき、早く回復するためにどうしなければなりませんか。ペアになって話し合いましょう。

例

薬を飲む ／ たくさん寝る　など

活動 3

日本ではしてよいけれど、あなたの国ではしないほうがよいことは何ですか。グループで話し合いましょう。

活動 4

あなたが高校生だったころに「しなければならなかったこと」、「してはいけなかったこと」について話し合い、グループで資料にまとめ、発表しましょう。

！ヒント

校則 ／ 髪型 ／ 勉強 ／ 制服 ／ 試験 ／ 学校行事 ／ 大学受験

＊先生方へ：①「髪型と制服の紹介」など各国のさまざまな事情を盛り込んだ資料、②「大学受験」など何か一つの事柄を選んで各国の違いをまとめた資料等が考えられます。資料の作り方についてグループで主体的に決められない場合は、方向性を決める手助けをしてください。

活動 5

家族だったはずの犬や猫が、捨てられたり、たたかれたり、世話もされず放置されたりしています。そこで、動物の遺棄、虐待を防止するポスターを作ることになりました。グループで話し合ってポスターを作りましょう。

テーマ：「動物の遺棄、虐待を防止する」

ポスター制作には下記のキャッチコピーのいずれか、または複数を使用すること。

1　命を捨てないで

2　いじめないで

3　動物の遺棄・虐待は犯罪です

ポスター「公益財団法人どうぶつ基金」

A13 どんな部屋に住みたいですか？

部屋の様子や風景を描写する

〈取り組む活動〉 1・2・3・4・5・Column ⇒ 学習ノートで予習

Q あなたの部屋はきちんと片付いていますか。

聞きとろう ◎ CD 1-25
（　）に何が入りますか。

言ってみよう ◎ CD 1-26
「あなた」のパートを話してみよう。

あなた	大きい部屋（　）引っ越したいな。ずっと雨が降り続いているから、部屋の中が洗濯物だ（　）けなんですよ。
山田	洗濯物（　）部屋の中に干してるんですか？
あなた	ええ、外には干せないし、乾燥機もないので…。ワンルームだから、玄関を開ける（　）洗濯物が見えちゃうんです。この間も🎤洗濯物を干し（　）いる最中に、宅配の人が来て困りました。
山田	そうか。それは困るよね。部屋の入り口に戸でもあるといいのにね。何かいい方法はないかな。
あなた	せめて玄関と部屋（　）間に、目隠しをしようかな。🎤通販サイトで、何か探してみます。
山田	そういえば、たしか、うち（　）使っていないのれんがあったわ。今度持ってきましょうかね。新品だから、よけれ（　）使って。

🎤 はアドリブでも OK！

話し合いましょう

活動 1

部屋の様子を友達にできるだけ詳しく話しましょう。聞いている人はその情報をもとにして絵を描きましょう。

＊先生方へ：部屋の様子を示した写真やイラストを用意して、情報を伝える人にだけ配布してください。

活動 2

実家に帰っている間に、空き巣の被害にあってしまいました。警察に様子を伝えなくてはいけません。何を伝ればよいですか。絵を見ながら友達といっしょにまとめましょう。

活動 3

新しい部屋に引っ越そうと思います。友達が部屋探しを手伝ってくれるそうです。どんな部屋がいいか、希望を説明しましょう。

⚠ヒント

エリア ／ 駅からの距離 ／ 日当たり ／ コンビニ ／ 部屋数 ／ 家賃 ／ 築年数

〈ロールカードＡ〉

Ｂさんの希望や条件を聞き出してメモをしましょう。

〈ロールカードＢ〉

Ａさんに、どんな部屋がいいのか、希望を話しましょう。

＊先生方へ：必要に応じて物件資料をご準備ください。

あなたは念願の一人暮らしをすることになりました。下の間取り図に理想の家具を置いて、友達にどんな部屋にしたいのか説明しましょう。カーテンやマットも配置して、理想の部屋を完成させましょう。

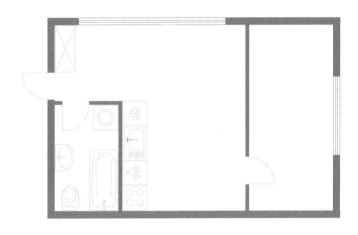

活動 **5**

写真の風景を描写しましょう。あなたならどこに住みたいですか。なぜですか。

描写の練習

ふだん見ている景色や心に残った情景を、誰かに説明するのは難しいですね。写真を使って練習してみましょう。

どんなものがありますか。

何をするところですか。

どんな気持ちになりますか。

どんなにおいがしますか。

どんな人が
何をするところですか。

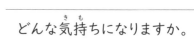

この靴が欲しいんです

特徴　機能　理由

〈取り組む活動〉　1・2・3・4・5　⇒ 学習ノートで予習

Q デザインと機能、どちらを重視しますか。

聞きとろう ◎CD 1-27
（　）に何が入りますか。

言ってみよう ◎CD 1-28
「あなた」のパートを話してみよう。

客	あの、すみません。
あなた	いらっしゃいませ。🗨何（　）お探しですか？
客	先週末にセールになっ（　）いたサンダルなんですけど…。もしかして、売り切れちゃいましたか。
あなた	どのようなサンダルでしたか。🗨セール品はもう在庫がないもの（　）多いんですが…。
客	茶色で、正面（　）ロゴが入ったサンダルなんだけど。売れちゃったかなあ。
あなた	茶色のサンダルですね。あちらは大変人気でし（　）…。🗨念のため在庫がない（　）確認してまいります。

🗨 はアドリブでも OK！

話し合いましょう

活動 1

あなたは忘れ物センターでアルバイトをしています。問い合わせがあったときのために、忘れ物の特徴をメモしておくことにしました。グループで4つの鞄の特徴のメモを作りましょう。

❗ヒント

何が入る大きさか ／ 素材 ／ ポケット ／ 用途 ／ 重さ ／ 持ち手の長さ ／ かざり

活動 2

このユニットの冒頭にあるイラストを見ながらロールプレイをしましょう。

〈 ロールカード A 〉

あなたは靴屋の店員です。お客さんの要望を聞いて、靴をすすめてください。

〈 ロールカード B 〉

あなたは靴を探しています。お店の人にあなたが欲しい靴の特徴を伝えてください。

活動 3

あなたはスーパーの店頭で販売をするアルバイトに採用されました。どちらかの商品を選んで特徴を覚え、ペアになった友達と販売の練習をしてみましょう。

高級パン
- 最高級のバターと小麦粉を使用
- 食品添加物ゼロ
- 栄養たっぷり

スプレー洗剤
- 汚れがよく落ちる
- 除菌ができる
- 掃除が楽になる
- 今日だけの特売

活動 **4**

　「今欲しい便利な家電！」という記事を書くために、インタビューをすることになりました。クラスの中を自由に移動して、クラスメート5人から情報を集めましょう。

友達の名前	欲しい家電	便利な機能

活動 **5**

　洋服購入に関する消費者行動について調査することになりました。調査項目を確認して、一人当たり5人の知り合いに調査をしましょう。グループで調査結果を持ち寄って、グラフを作ってまとめましょう。

購入した洋服	購入した店	購入した理由	満足度
			☆☆☆☆☆
			☆☆☆☆☆
			☆☆☆☆☆
			☆☆☆☆☆
			☆☆☆☆☆

それもいいですね

意見の調整　話し合って決める

〈取り組む活動〉　1・2・3・4・5　⇒ 学習ノートで予習

Q 意見の調整は得意ですか。

聞きとろう ◎ CD 1-29	言ってみよう ◎ CD 1-30
（　）に何が入りますか。	「あなた」のパートを話してみよう。

田中	今度みんな（　）ボランティアに行くところ、わりと遠いよね。私、迷子になっちゃうかも。学校で集まってから行くことにしない？
あなた	うーん、どうでしょうね…。●彡学校に一度集まるより、直接行くほう（　）便利な人もいるかもしれませんよ。
田中	あっ、そっか。うーん、現地集合のほう（　）いいって人、多いのかなあ。でも私は方向音痴（　）から、みんなといっしょに行くほうがいいんだけどなあ。みんなで行くほうが楽しくない？
あなた	じゃあ、みんな（　）聞いてみましょうか。「現地集合か、いったん学校（　）集まるか、どっちがいいですか」って。●彡それで大丈夫ですか？
田中	うんうん、それがいいかも。

●彡 はアドリブでも OK！

話し合いましょう

活動 1

　来週末、地域の人たちが公民館に集まってお祭りをします。皆さんもバザーかたこ焼きの模擬店を出すことになりました。どちらをやってみたいですか。グループで話し合って決めましょう。

バザー：
家庭の不用品を集め、必要な人に売る。

模擬店：
材料と道具を用意して、たこ焼きを作って売る。

活動 2

　グループで映画を見に行くことになりました。スマホなどで上映中の映画を確認し、何の映画を見に行くか、時間はどうするかなど、全員の意見を出し合って決定しましょう。

＊先生方へ：授業でスマートフォン等の利用が難しい場合、上映映画の資料をウェブ等で探し、印刷してご用意ください。

活動 3

　今度の長期休みに、グループで旅行へ行くことになりました。どこへ行きますか。グループで意見を出し合って、行き先を決めましょう。

疲れるから、
近場がいいな。

新幹線でテーマパークに
行こうよ！

こんなに長い休みだよ?
思い切って海外に行こうよ！

活動 4

　お世話になった先生への誕生日プレゼントを友達と買いに行きます。プレゼントを渡したい相手を思い浮かべて、グループで何を買うか話し合って決めましょう。

◆買い物の条件◆

・予算一人500円

・食べ物以外

活動 5

　数人の友達で買い物に来ました。次に何をするかを決めるときに、みんなの意見が3つに分かれてしまいました。話し合って意見を調整し、次の行動を決めてください。グループ内でA、B、Cに分かれてロールプレイをしましょう。

〈ロールカード A〉

　疲れてきたので、映画でも見て休憩したい。

〈ロールカード B〉

　もうお昼なのでご飯を食べたい。

〈ロールカード C〉

　タイムセールの時間がせまっているので、早くその店に行きたい。

B1 健康的な暮らしがいいですよ
健康　健康法

〈取り組む活動〉 1・2・カード・3・4・5 ⇒ 学習ノートで予習

Q 健康的な食事をとっていますか。

聞きとろう	◎ CD 1-31

（　　）に何が入りますか。

言ってみよう	◎ CD 1-32

「あなた」のパートを話してみよう。

田中	弟がボクシング（　）始めて、体づくりのために栄養バランスを考えて食べるようになったんだよ。今まではジャンクフードもわり（　）食べていたのに。
あなた	私の母も毎週電話をかけてき（　）は、健康的な食生活を送っているかと聞いてきますよ。せっかく日本にいるん（　）から、健康的な和食を作りなさいって。●ᵢ だけど和食（　）作るのは難しくて…。
田中	和食は確か（　）栄養バランスがいいけど、自分で作るとなると難しいよね。
あなた	そうなんですよ。どうしても ●ᵢ コンビニ弁当ですませ（　）しまって。
田中	コンビニでも、選ぶものによって（　）栄養バランスがとれるみたいだよ。ゆで卵と（　）果物も売ってるしね。
あなた	●ᵢ ちょっ（　）食生活を見直そうかな。

●ᵢ はアドリブでも OK！

健康　健康法 **B1** 67

話し合いましょう

あなたが健康のためにしていることはなんですか。始めたきっかけはなんですか。ペアになって話し合いましょう。友達がやっていることで、自分も取り入れたいことを考えましょう。

 例

ウォーキング ／ 早寝早起き ／ 腹八分目 ／ サプリメント　など

活動 2

あなたが日常的にしていることで、健康のためにやめたほうがいいなと思うものはなんですか。どうすればやめられると思いますか。グループで話し合いましょう。

やめたほうがいいこと	やめる方法

カードを作ろう

手にした人が健康的でポジティブな気持ちになれるようなメッセージとイラストをカードに書きます。グループで話し合い、カードの内容を考えましょう。みんなで手分けをしてカードを数枚作成し、その後クラスでシェアしましょう。

＊先生方へ：A6程度のカードと色ペン等を用意してください。作り終えたカードは全員分を集めてPDFにまとめ、後日、学習者が印刷し、切り取って使用できるように配布してください。

活動 3

健康に必要な栄養素はバランスの良い食事でとった
ほうがいいと思いますか。必要に応じてサプリメントを
取り入れたほうがいいと思いますか。それぞれのメリッ
ト、デメリットについてグループで話し合いましょう。

	バランスのよい食事で栄養をとる	サプリメントを取り入れて栄養をとる
メリット		
デメリット		

活動 4

今流行しているダイエット法を調べてみましょう。
その方法や効果、問題点についてグループで話
し合って資料を作りましょう。

ダイエット法	方法・効果・問題点

スポーツクラブに入会しようと思い、説明を聞きに来ました。下の広告を参考にして、ペアになってロールプレイをしましょう。

〈ロールカードA〉

スポーツクラブについて、知りたいことを質問しましょう。

〈ロールカードB〉

Aさんの疑問を解消できるよう情報を提供して、入会を勧めましょう。

駅前でいつでもトレーニング

フィットネスMOVE
だいだい店（だいだい駅から徒歩2分）

今なら、入会費&事務手数料無料！

レギュラー	●ご利用時間：月〜日 10:00〜22:00 ●月会費：9,800円
ナイト	●ご利用時間：月〜土 18:00〜22:00 ●月会費：7,500円
ホリデー	●ご利用時間：土・日・祝日 10:00〜22:00 ●月会費：5,500円

充実の施設

○室内プール　　　○清潔なロッカールーム
○最新のジムマシン　○アメニティ完備のシャワー室
○ヨガ用スタジオ　　○マッサージチェア

トレーナーが懇切丁寧にサポートします

豊富な知識を持つトレーナーがアドバイスいたします。初心者のお客様にも安心してご利用いただけるように、ジムマシンの使い方も一からご説明いたします。

	レギュラー	ナイト	ホリデー
カウンセリング	○	○	○
プール	○	○	別料金
シャワー	○	○	○
レンタルタオル	○	×	×

○=利用可　×=利用不可　別料金=利用可だが別途料金が必要

フィットネスMOVE だいだい店

○○県　○○市　だいだい町2-10
アーバンビルB1、1F、2F
☎00-0000-0000

＊先生方へ：必要に応じてスポーツクラブのちらしやパンフレットの実物をご用意ください。

B2 こうしたらどうでしょうか

提案　情報交換

〈取り組む活動〉　1・2・3・4・5・6　⇒ 学習ノートで予習

Q 何を着ていくか迷ったことがありますか。

聞きとろう ◎CD 1-33
（　　）に何が入りますか。

言ってみよう ◎CD 1-34
「あなた」のパートを話してみよう。

田中	今度久しぶりに県立美術館に行くんだ。
あなた	県立美術館ですか。いいですね。🗨私（　）ときどき行きますよ。
田中	館内はエアコン（　）効いていて寒いって聞いたんだけど、やっぱり寒かった？　私、小学校のときに行った（　）りで、あんまり覚えてなくて。
あなた	たしか、けっこう寒かった（　）うに思います。
田中	やっぱり寒い（　）だ。じゃあ、長そでを着ていこうかな。
あなた	あ、でも、場所によって（　）、エアコンが効いていないですよ。🗨温度調整をしやすいかっこう（　）いいと思います。

🗨 はアドリブでも OK！

話し合いましょう

活動1

　日本の大学に関する資料を集めようと考えています。どのような方法で集めるといいと思いますか。他の友達はどのように集めていますか。ペアになって情報交換をしましょう。

活動2

　あなたは地震に備えてどんな準備をしていますか。他の友達は何を準備していますか。グループで情報交換をしましょう。

＊先生方へ：必要に応じて、学校周辺の避難所や防災に関する資料をご用意ください。

活動3

　あなたはインターネットで調べものをしています。たくさんの情報があり、どれが正しくて、どれが間違っているのかよくわかりません。正しい情報を得るために、みんなはどのような工夫をしているのでしょうか。教室内を自由に移動して、クラスメート3人に話を聞いてみましょう。

友達の名前	工夫していること

活動 4

皆さんは日本を出発して、ユーラシア大陸を横断する旅に出ています。楽しく旅をしていましたが、途中で資金が底をついたので、持ち物を売ることにしました。手放そうと考えているのは、みんなでお金を出し合って買った一眼レフカメラ、テント、ゲーム機器、ノートパソコン、バイクです。何から順に手放しますか。グループで話し合って順番を決めましょう。

	一眼レフカメラ	テント	ゲーム機器	ノートパソコン	バイク
私					
最終決定					

活動 5

新入生に配る資料を作成するために、学校周辺の情報をまとめることになりました。グループでテーマを決め、手分けして資料をまとめ、クラスで発表しましょう。聞いている人は「この情報を足したほうがいい」と思うことを伝えましょう。

テーマの例
図書館や公民館などの公共施設 ／ 医療 ／ 公園　など

＊先生方へ：必要に応じて、国土交通省国土地理院のウェブサイト等で学校周辺の白地図をご用意ください。

活動 6

どちらの絵に魅力を感じますか。どこを見てそう感じましたか。グループで、この2作品について情報を集めて話し合い、魅力を発表しましょう。

❗ヒント
作品名（所蔵美術館）／ 作者 ／ 作者の人生 ／ なぜ惹かれるのか ／ 特に好きなところ

『モナ・リザ』
レオナルド・ダ・ヴィンチ

『牛乳をつぐ女』
ヨハネス・フェルメール

この道に決めました

行動を選ぶ　メリット・デメリット

B3

〈取り組む活動〉　1・2・3・4・5　⇒ 学習ノートで予習

Q メリットやデメリットを考えてから行動しますか。

聞きとろう 🎧 CD 1-35
（　　）に何が入りますか。

言ってみよう 🎧 CD 1-36
「あなた」のパートを話してみよう。

田中	佐藤先輩、今度独立して設計事務所を開く（　）しいよ。
あなた	そうなんですか。そういえば、「早く独立したい」って言っ（　）ましたね。
田中	「今の会社は労働時間が長い（　）りに収入が…」って言ってたもんね。
あなた	独立したらやりたい仕事（　）自分で選ぶことができるし、やりがいがあるでしょうね！ ●₎働く時間を自分（　）決められるなんていいな。
田中	でもさ、仕事に関する責任を全部負うこと（　）なるんだよ。「会社が守ってくれる」っていう感覚がなく（　）る。やっぱ、大変（　）と思うよ。
あなた	そういうデメリットを上回るメリットがある（　）らこそ、佐藤先輩は独立したっていうことでしょう。 ●₎かっこいいなあ。

●₎ はアドリブでもOK！

74　**B3**　行動を選ぶ　メリット・デメリット

話し合いましょう

活動 **1**

　語学教室へ通いたいと言っている友達から、「マンツーマンレッスンがいいか、グループレッスンがいいか」と相談されました。それぞれのメリット、デメリットを考慮して、どちらがいいかペアになって話し合いましょう。

	マンツーマンレッスン	グループレッスン
発言できる時間		
レッスンのカリキュラム		
レッスン料金		
学習仲間		
学習意欲		
学習のペース		
その他（　　　　）		

活動 **2**

　「小さいころは勉強などさせず、自然の中で走り回らせたほうがよい」という考え方に賛成ですか。反対ですか。メリットとデメリットを考慮して話し合い、グループとして回答と理由を発表しましょう。

	自然の中で遊ばせる	部屋で勉強をさせる
メリット		
デメリット		

活動 **3**

　「子どもが見るテレビ番組を規制する
か否か」、グループに分かれて話し合い
ましょう。

	子どもが見るテレビ番組を規制する	子どもが見るテレビ番組を規制しない
メリット		
デメリット		

活動 **4**

　「赤ちゃんのいる家でペットを飼う？　飼わな
い？」という内容でアンケートをすることになりま
した。教室を自由に移動して、友達がどう考え
ているか調査しましょう。

飼うほうがいいと思う友達の意見	飼わないほうがいいと思う友達の意見

無人島に 5 人の仲間とともに流れ着きました。壊れかかった船の中から、5つのものを持ってくることができます。何を持ち出したいですか。他の人の考えはどうですか。まず自分で「持ち出したほうがいいと思う5つのもの」を考え、その後グループで話し合いましょう。

船にある物品リスト

なべ	ロープ
かさ	テント
釣り道具	トイレットペーパー
時計	毛布
マッチ（100本）	包丁
ライト（電池24時間分）	裁縫道具
はし	鉛筆と紙
望遠鏡	薬
のこぎり	手動発電ラジオ

私のリスト

	持ち出したいもの	必要な理由
①		
②		
③		
④		
⑤		

グループで決定した最終的なリスト

	持ち出したいもの	必要な理由
①		
②		
③		
④		
⑤		

B4 言いにくいのですが

モラル　マナー　他者への配慮

〈取り組む活動〉　1・2・3・4・5・6　⇒ 学習ノートで予習

Q 友達に不満を伝えたことがありますか。

聞きとろう　◎ CD 1-37
（　　）に何が入りますか。

言ってみよう　◎ CD 1-38
「あなた」のパートを話してみよう。

田中	はぁ…、どこ（　）家賃が高いなあ。ルームシェア（　）するしかないかな。
あなた	ルームシェア、いいじゃ（　）いですか。心配なことでもあ（　）んですか？
田中	うーん。実は私、ルームシェアをしたこと、ある（　）だよね。でも、毎日イライラすることが多くて（　）、大変だったんだ。
あなた	そんな（　）イライラするなんて。●ﾐ 一体、何（　）あったんですか？
田中	友達が勝手（　）犬を飼いだしたんだよね。事前（　）何の相談もなく。
あなた	事前（　）相談もなく？　●ﾐ ああ、それ（　）いやですね。
田中	そのうえ、散歩に連れていかないか（　）、ストレスたまった犬が吠えまくりで…。注意して気まずくなる（　）もいやだし、結局何も言えなかったんだ。

●ﾐ はアドリブでも OK！

話し合いましょう

　３人でルームシェアをしています。最近 A さんは、仕事から帰ってくると共有スペースで寝てしまいます。B さんは夜遅くまで友達を呼んで騒いでいます。C さんは二人に生活を改めるよう、話すことにしました。どんなふうに伝えたら、関係が悪くならずに改善されると思いますか。内容や話し方についてグループで話し合いましょう。その後、ロールプレイをしましょう。

〈ロールカード A 〉

　あなたは「仕事で疲れているんだから、家にいるときくらいはダラダラさせてほしい」と思っています。

〈ロールカード B 〉

　あなたは「ストレスを発散させるには、友達を呼んでワイワイ飲むのが一番!」と思っています。

〈ロールカード C 〉

　A さん B さんに生活態度を改めてほしいと伝えてください。

＊先生方へ：ロールプレイは C さん―A さん、C さん―B さんという組み合わせだけでなく、３人で話し合いをさせると発展的な会話になります。

活動 2

　学生生活最後のバスケットボール大会です。当日の朝、あるメンバーが足にけがをしていることにあなたは気づきました。チームが勝つにはメンバーを変更したほうが良さそうです。けがをしているメンバーは「引退前の最後の大会だから出たい」と言っています。あなたはどうしますか。なぜですか。グループで話し合いましょう。

活動 3

　子ども達の放課後補習クラスでボランティアをしています。誰をどこに座らせるとうまくいくと思いますか。グループで話し合って決めましょう。

日野さん	勉強ができない。忘れ物が多い。すぐにぼーっとする。
小池さん	勉強はきらいではないが得意でもない。自信がない。
平田さん	授業内容をすでに理解している。難しい問題にチャレンジしたい。
鵜飼さん	落ち着きがない。小山さんをいじめている。勉強が大きらい。
小山さん	よく意見を発表する。鵜飼さんを怖がっている。目がよくない。

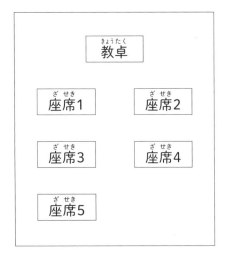

教卓

座席1　　座席2

座席3　　座席4

座席5

活動 4

　正しいと思っていたのに実行できなかったことはありますか。なぜですか。ペアになって話し合いましょう。

クラスのレクリエーションで、バレーボールをします。「バレー経験者は同じチームにならないで」と言われました。あなたと親友はバレー経験者です。親友は「一緒のチームになりたいから、経験者ということは黙っておこう」と言っています。あなたならどうしますか。なぜですか。グループで話し合いましょう。

活動 6

世界遺産がある観光地に、自動販売機設置の話が持ち上がりました。あなたは景観を守るために自販機を置かないことに賛成ですか。グループで問題を整理して話し合いましょう。

自販機のデザインを工夫したら?

世界遺産の建物内でジュースをこぼしたら…

自販機の売り上げを世界遺産の維持費に回せるよ。

近代的な自販機は、景観を壊すのでは?

駐車場の近くに設置すれば?

見た目で印象が決まる?

衣服　色彩　好み

〈取り組む活動〉 1・2・ゲーム・3・4 ⇒ 学習ノートで予習

Q ファッションに興味がありますか。

聞きとろう ⊙ CD 1-39
（　　）に何が入りますか。

言ってみよう ⊙ CD 1-40
「あなた」のパートを話してみよう。

あなた	すみません。これ、試着して（　　）たいんですけど…。
店員	はい、かしこまり（　　）した。
あなた	あ（　　）、Lサイズって 🔊 この色だけですか?
店員	いえ、他にグレー（　　）ございますよ。こちらです。両方ご試着なさいますか?
あなた	はい。🔊 両方着てみて、どちらにするかを決めます。
店員	かしこまりました。どちらも人気の色でし（　　）、よく出ているんですよ。
あなた	うーん、ベージュか、グレーか。🔊 どっち（　　）ほうが印象がいいかなあ。悩むなあ。

🔊 はアドリブでも OK !

話し合いましょう

活動1

　あなたの国で洋服を買うとしたら、どのようなところで買うのがおすすめですか。なぜですか。ペアになって話し合いましょう。

活動2

　人の印象は着ているものや持ち物によって左右されると思いますか。なぜそう思いますか。エピソードを添えてペアになって話し合いましょう。

ゲームでアウトプット！

　それぞれの色から何を連想しますか。グループになって話し合いながら、できるだけたくさんの言葉を書きましょう。どのグループが一番多く連想できましたか。

ルール

①先生が色を選びます。
②先生が「もう時間です」と言うまで、グループで相談しながら、その色に関連する言葉をできるだけ多く書きます。
③先生が「もう時間です」と言ったら、そこで書くのをやめます。一番多くの言葉を書いたグループの勝ちです。

赤	白	黄	青	黒

＊先生方へ：制限時間を設け、1つの色が終わったら、次は別の色で取り組ませてください。勝敗を決める際に、各グループの答えをホワイトボードに書かせてクラス全員で共有すれば、語彙力の強化にも役立ちます。

制服は廃止すべきだと思いますか。制服があることのメリット、デメリットを考え、クラスで制服賛成派、制服反対派に分かれて話し合いましょう。

制服があることのメリット	制服があることのデメリット
・職業がわかる。 ・何かあったとき、学校がすぐわかる。 ・ ・ ・	・自己表現が制限される。 ・体温の調整がしにくい。 ・ ・

多くの国で人々が伝統的な服をあまり着なくなったのは、なぜだと思いますか。伝統的な服をもっと着るべきだと思いますか。なぜですか。クラスの中を自由に移動して、クラスメート3人の意見を聞いてから、自分の意見をまとめましょう。その後グループで話し合いましょう。

友達の名前	伝統的な服を着なくなった理由	もっと着るべきか？　理由は？
私		

B6 シェアしてみようかな

貸し借り　シェア・共有

〈取り組む活動〉　1・2・3・4・5・6　⇒ 学習ノートで予習

Q 写真をSNSに投稿したことがありますか。

聞きとろう ◎ CD 1-41	言ってみよう ◎ CD 1-42
（　）に何が入りますか。	「あなた」のパートを話してみよう。

田中	これ見て！ このアイス、すご（　）かわいい！ 写真撮りに行（　）たいなあ。
あなた	え、「食べたい」じゃなく（　）、「写真撮りたい」？ ◍ どこか（　）アップするんですか？
田中	そう。SNSに投稿すると、友達からコメントがもらえ（　）楽しいんだよね。
あなた	みんなに写真をシェアするた（　）だけに、注文するんですか？ ◍ けっこういい値段するの（　）。
田中	写真だけ撮って、食べずに捨てちゃう人もいるもんね。でも、私はちゃん（　）食べるよ。いい値段する（　）ね！
あなた	なるほどね。◍ 私は写真を撮る（　）り、早く食べたいけどなあ。

◍ はアドリブでもOK！

話し合いましょう

活動 1

「自分の写真をインターネット上にのせることに抵抗がある」と考える人がいます。あなたは自分の写真をインターネットにのせることについて、どのように思いますか。なぜですか。ペアになって話し合いましょう。

活動 2

貸したものが戻ってこないなどのトラブルを防ぐために、どのような工夫をするとよいと思いますか。ペアになって話し合いましょう。

活動 3

乗り物、住居、家具、服などの資産を共有するシェアリングエコノミーは、なぜ注目されたのだと思いますか。グループで話し合いましょう。

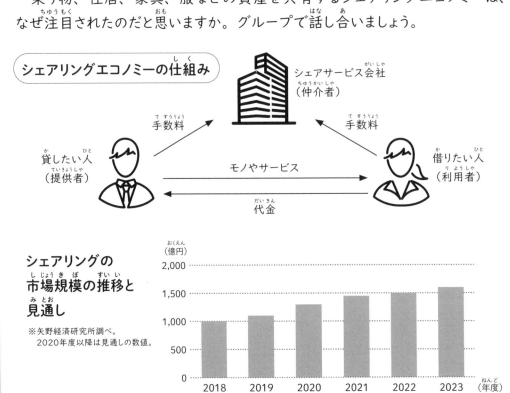

シェアリングエコノミーの仕組み

シェアサービス会社（仲介者）

手数料　手数料

貸したい人（提供者）　モノやサービス　借りたい人（利用者）

代金

シェアリングの市場規模の推移と見通し

※矢野経済研究所調べ。
2020年度以降は見通しの数値。

（億円）

2,000
1,500
1,000
500
0

2018　2019　2020　2021　2022　2023（年度）

活動 4

　あなたは友達と起業することになりました。何かをシェアするサービスを提供しようと思います。何をシェアしますか。なぜですか。グループで話し合い、どんなサービスを提供するのか、クラスで発表しましょう。

例

知識・スキル ／ 本 ／ おもちゃ ／ 旅行用品 ／ ゲームソフト ／ 家具 ／ スーツ　など

活動 5

　あなたはシェアハウスに住んでみたいですか。シェアハウスのメリットとデメリットについて、グループで話し合いましょう。

メリット	デメリット

活動 6

　友達と何かを共有したり、シェアをしたりすることに心理的な抵抗がありますか。なぜですか。心理的な抵抗があるものや、その理由についてグループで話し合いましょう。

例

洋服 ／ かばん ／ 靴 ／ タオル ／ SNS アカウント ／ 車 ／ 食べ物 ／ ペットボトル飲料

ルームメイトと洋服をシェアすることはありますよ。洗って返せば問題ないと思います。

私はちょっといやだなあ

食べ物をシェアするのは、相手が仲のいい友達でもいやです。「一口ちょうだい」と言われるのはちょっと…。私が注文したものを食べたがる理由もよくわかりません。

B7　地球の未来はどうなる？

身近な環境問題

〈取り組む活動〉　1・2・3・4・5・6　⇒　学習ノートで予習

Q 温暖化という言葉を聞いたことがありますか。

聞きとろう　◎ CD 1-43
（　　）に何が入りますか。

言ってみよう　◎ CD 1-44
「あなた」のパートを話してみよう。

講師	さて、このまま地球温暖化が進むと、いったいどんなこと（　）起きるのか。そちらの白いTシャツ（　）方、地球はどうなると思いますか。
あなた	あっ、私ですか。そうですね。海面が上昇し（　）、陸地が減るんじゃないでしょうか。 ●ᜃ そのせい（　）住むところがなくなる動物もいそうです。
講師	そうですね。野生の生き物たちの危機（　）無視できない問題です。実は地球温暖化（　）、雨の降り方も変えてしまうんですよ。皆さんも、豪雨や干ばつのニュースを見たことがあるでしょう。
あなた	あ！ もしかして、食糧の生産も ●ᜃ うまくいかな（　）なってしまいますか。
講師	そうですね。ここでスライド（　）見てみましょう。

●ᜃ はアドリブでも OK！

話し合いましょう

活動 **1**

　あなたの住む地域では、ごみをどのように分別しますか。ペアになって話し合いましょう。

＊先生方へ：必要に応じて自治体のごみ分類表などを配布してください。

活動 **2**

　地球温暖化が世界的な問題になっています。あなたの国では地球温暖化を防ぐために、どのようなことをしていますか。ペアになって話し合いましょう。

活動 **3**

　あなたは「地球にやさしい」暮らしをしていますか。クラスの中を自由に移動して、友達が日々取り組んでいることをインタビューしましょう。わからないことや、もっと話を聞きたいことがあれば、積極的に質問をしましょう。

友達の名前	日々取り組んでいること

活動 4

　あなたの周りにはどのような「エコ製品」がありますか。具体的にどのように「環境にやさしい」のでしょうか。グループで話し合いましょう。

活動 5

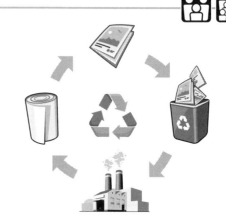

　私たちがリサイクルのために分別した資源ごみは、その後どのように処理され、循環していますか。グループで調べて資料にまとめ、発表しましょう。

活動 6

　ある動物園で、飼育員から「動物をかわいいと思ってもらうだけではダメだ」という声が上がりました。動物たちを取り巻く問題を意識してもらうために、展示の仕方を変えるなどの取り組みを行おうと思います。どのような問題を、どのような方法で来場者に伝えますか。グループで話し合い、アイデアを A4 用紙 1 枚にまとめて、クラスでシェアしましょう。

＊先生方へ：できあがったものをまとめて後日配布してください。

お大事にしてください

病気　痛み　体調を説明する

〈取り組む活動〉　1・2・3・4・5・6　⇒ 学習ノートで予習

Q 体調が悪いとき、相談できる人がいますか。

聞きとろう　💿CD 1-45	言ってみよう　💿CD 1-46
（　）に何が入りますか。	「あなた」のパートを話してみよう。

鈴木	おはようございます。おや、体調悪そう（　）ね。大丈夫？
あなた	おはようございます。昨晩は熱があっ（　）だるかったんですけど、今朝測ったら、もう下がっていました。●彡 だから大丈夫（　）と思います。
鈴木	でもま（　）顔色がよくないよ。無理しない（　）うがいいんじゃない？一日休んだ（　）？　学校で倒れた（　）大変だよ。
あなた	ご心配おかけしてすみません。じゃあ午前中授業に出てみて、やっぱりつらいなと思ったら ●彡 無理（　）ず帰って来ることにします。
鈴木	それがいいよ。何かあったらすぐに連絡（　）てね。

●彡 はアドリブでも OK！

話し合いましょう

活動1

先日友達と参加した公民館のイベントで、何人かが熱中症になったようです。気温が高いところで体温調整がうまくできず、体の中に熱がこもってしまうと、めまいがしたり、急に吐き気がしたりします。このようなことを防ぐために、どんなことに注意すればいいですか。ペアになって話し合いましょう。

活動2

病院に診察の予約をしたいです。ペアになって、診察予約のロールプレイをしましょう。

〈ロールカードA〉

あなたは病院のスタッフです。症状を質問して、予約の時間を伝えてください。

例

お名前を教えてください。／どんな症状ですか？／いつからですか？／○月○日○時に予約を受け付けました。念のため、電話番号を教えてください。／それでは○日の○時に予約をお取りしましたから、その15分くらい前に来てください。／問診表はウェブサイトからダウンロードすることもできます。／気をつけてお越しください。

〈ロールカードB〉

あなたは体調が悪いので、病院に予約をします。質問に答えて、診察の予約を入れてください。

活動3

　あなたの国<ruby>国<rt>くに</rt></ruby>では、<ruby>体調<rt>たいちょう</rt></ruby>がすぐれないときに、すぐに<ruby>医療機関<rt>いりょうきかん</rt></ruby>へ<ruby>行<rt>い</rt></ruby>きますか。それとも<ruby>薬局<rt>やっきょく</rt></ruby>へ<ruby>行<rt>い</rt></ruby>って<ruby>直接薬<rt>ちょくせつくすり</rt></ruby>を<ruby>購入<rt>こうにゅう</rt></ruby>したり、<ruby>水分<rt>すいぶん</rt></ruby>をとって<ruby>早<rt>はや</rt></ruby>めに<ruby>休<rt>やす</rt></ruby>んだりしますか。なぜですか。グループで<ruby>話<rt>はな</rt></ruby>し<ruby>合<rt>あ</rt></ruby>いましょう。

> <ruby>薬局<rt>やっきょく</rt></ruby>で<ruby>薬剤師<rt>やくざいし</rt></ruby>さんに<ruby>相談<rt>そうだん</rt></ruby>すれば、だいたい<ruby>解決<rt>かいけつ</rt></ruby>します。

> どうして<ruby>病院<rt>びょういん</rt></ruby>ってあんなにいつも<ruby>混<rt>こ</rt></ruby>んでいるのかしら。

> そうそう。<ruby>病院<rt>びょういん</rt></ruby>は<ruby>待<rt>ま</rt></ruby>ち<ruby>時間<rt>じかん</rt></ruby>が<ruby>長<rt>なが</rt></ruby>いから、<ruby>待<rt>ま</rt></ruby>っている<ruby>間<rt>あいだ</rt></ruby>に<ruby>病気<rt>びょうき</rt></ruby>がひどくなっちゃう。

> うーん。<ruby>医者<rt>いしゃ</rt></ruby>に<ruby>行<rt>い</rt></ruby>ったほうが<ruby>安心<rt>あんしん</rt></ruby>じゃないかなあ。

> <ruby>病院<rt>びょういん</rt></ruby>へ<ruby>行<rt>い</rt></ruby>くと、すぐに<ruby>数千円<rt>すうせんえん</rt></ruby>が<ruby>飛<rt>と</rt></ruby>んでいってしまいませんか？ ちょっと<ruby>高<rt>たか</rt></ruby>すぎます。

> やっぱり、スープや<ruby>果物<rt>くだもの</rt></ruby>で<ruby>水分<rt>すいぶん</rt></ruby>と<ruby>栄養<rt>えいよう</rt></ruby>をとって、<ruby>家<rt>いえ</rt></ruby>で<ruby>寝<rt>ね</rt></ruby>るのが<ruby>一番<rt>いちばん</rt></ruby>じゃないかな。

活動4

　「<ruby>病<rt>やまい</rt></ruby>を<ruby>防<rt>ふせ</rt></ruby>ぐ」をテーマに、グループでプレゼンテーションを<ruby>行<rt>おこな</rt></ruby>います。みんなで<ruby>資料<rt>しりょう</rt></ruby>を<ruby>作<rt>つく</rt></ruby>り、3<ruby>分間<rt>ぶんかん</rt></ruby>のプレゼンを<ruby>行<rt>おこな</rt></ruby>いましょう。プレゼンを<ruby>聞<rt>き</rt></ruby>いている<ruby>人<rt>ひと</rt></ruby>は<ruby>評価<rt>ひょうか</rt></ruby>をしましょう。

例

> ストレスとのつきあい<ruby>方<rt>かた</rt></ruby> ／ <ruby>健康的<rt>けんこうてき</rt></ruby>な<ruby>食生活<rt>しょくせいかつ</rt></ruby> ／ <ruby>快適<rt>かいてき</rt></ruby>な<ruby>睡眠<rt>すいみん</rt></ruby>のために　など

プレゼンの<ruby>評価<rt>ひょうか</rt></ruby>シート

<ruby>評価<rt>ひょうか</rt></ruby>の<ruby>視点<rt>してん</rt></ruby>	グループA	グループB	グループC	グループD	グループE
<ruby>話<rt>はなし</rt></ruby>がわかりやすい					
テーマに<ruby>合<rt>あ</rt></ruby>っている					
<ruby>内容<rt>ないよう</rt></ruby>が<ruby>興味深<rt>きょうみぶか</rt></ruby>い					
<ruby>熱意<rt>ねつい</rt></ruby>が<ruby>感<rt>かん</rt></ruby>じられる					

＊<ruby>先生方<rt>せんせいがた</rt></ruby>へ：より<ruby>詳<rt>くわ</rt></ruby>しい<ruby>評価<rt>ひょうか</rt></ruby>シートは、ウェブサイトからダウンロードできます。　<ruby>資料<rt>しりょう</rt></ruby>ダウンロード〉

活動 5

　昨日、あなたは体調がすぐれず、学校の帰り道、薬局で薬を買うことにしました。あなたは薬局にいる人に相談しようと思いましたが、体調をうまく説明することができませんでした。このようなとき、自分の症状にあった薬を選ぶためにどうすればよいと思いますか。また、友達はどのような工夫をしていますか。グループで話し合いましょう。メモを取りながら話を聞き、話し合った結果を記録しましょう。

活動 6

　薬の箱が並んでいます。以下の症状のとき、どの薬を飲みますか。なぜその薬を選びましたか。どのようなことに注意しなければいけませんか。グループで話し合いましょう。

- A） 頭が痛いです。熱があります。
- B） 食べ過ぎてしまい、胃が重いです。
- C） 猫に触ったあと、目がかゆくて、鼻水がとまりません。
- D） 最近あまりよく眠れません。

あ

服用前に説明書を必ずお読みください。

寝つきが悪い
眠りが浅い **グーネル** 〈睡眠改善薬〉 第2類医薬品

◎グーネルは抗ヒスタミン剤××××を配合した睡眠改善薬です。
◎寝つきが悪い、眠りが浅いといった症状の緩和に効果をあらわします。

〈効能・効果〉
一時的な不眠の次の症状の緩和：寝つきが悪い、眠りが浅い

〈用法・用量〉
成人（15歳以上）1回2錠、就寝前に水またはぬるま湯で服用してください。

⚠〔注意〕次の人は服用しないでください。
①妊娠又は妊娠していると思われる人。　②15歳未満の小児。
③日常的に不眠の人。　④不眠症の診断を受けた人。

い

解熱鎮痛薬 ツトルン 細粒分包

＊痛みや熱の元となる物質の生成を抑える
＊空腹時にも飲めて早く効く

【効能又は効果】
1) 鎮痛・歯痛・咽喉痛・耳痛・関節痛・神経痛・腰痛・筋肉痛・肩こり痛・骨折痛
2) 悪寒・発熱時の解熱

【用法及び用量】
大人（15歳以上）……1回 1 包
11歳以上15歳未満……1回2/3包
8歳以上11歳未満……1回1/2包

⚠ **注意**
(1)本剤または本剤の成分によりアレルギー症状を起こしたことがある人。
(2)8歳未満は服用しないでください。
(3)出産予定日12週以内の妊婦。
(4)直射日光の当たらない湿気の少ない涼しい所に保管してください。

う

食べすぎ・胃もたれなどの不快な症状に

ビオターゼ 生薬配合

◆有効成分が胃の荒れた部分を保護・修復
◆18種類の生薬配合

用法・用量　成人（15歳以上）：1回1包、1日3回、食間・就寝前または食後に水またはぬるま湯にて服用してください。

⚠ 注意　❶次の人は服用しないでください。
　透析療法を受けている人。
　❷次の人は服用前に医師、薬剤師に相談してください。
　(1)医師の治療を受けている人。
　(2)高齢者。
　(3)アレルギー症状を起こしたことがある人。

え

じんましん・湿疹・かゆみに

アレキュアZ

ご使用に際して、この説明文書を必ずお読みください。

※抗ヒスタミン剤がじんましんとかゆみを元から抑える！
※皮膚の正常な働きを保つ2種類のビタミンを配合

《効能・効果》　じんましん、湿疹、かぶれによるかゆみ、鼻炎
《用法・用量》　成人（15歳以上）1回1錠、1日2回（朝、夕）
　水またはお湯で服用してください。

⚠ **注意** ⚠
1. 本剤を服用している間は、他のアレルギー用薬を使用しないでください。
2. 服用後、乗物又は機械類の運転操作をしないでください。
3. 長期連用しないでください。

※あいうえはいずれも架空の薬です。

B9　それ、流行っていますね

若者の文化　流行

〈取り組む活動〉　1・2・3・4・5　⇒ 学習ノートで予習

Q 漫画の本を持っていますか。

聞きとろう　◎ CD 1-47
（　　）に何が入りますか。

言ってみよう　◎ CD 1-48
「あなた」のパートを話してみよう。

山田	アニメや漫画がきっかけ（　）日本語を勉強する人って多いんですね。
あなた	私（　）そのうちの一人ですよ。🎤漫画を何冊も読みました。
山田	やっぱり、最近は伝統的な日本文化より、ポップカルチャーに興味（　）持つ人が多いのかなあ。
あなた	そうですね。以前は日本と言え（　）、着物、忍者、すし、てんぷらでしたよね。でも、🎤私たち（　）世代はアニメ、ゲーム、ファッションなんです。
山田	そうそう、この間、アニメのかっこうをしている外国の人がいて（　）。びっくりしたけど、コスプレも日本文化とし（　）有名なのね。
あなた	はい。日本で開催されるコスプレサミットには、毎年多くの国（　）らコスプレイヤーが集まるんですよ。

🎤はアドリブでも OK！

若者の文化　流行　**B9**　95

話し合いましょう

活動 **1**

昨年、あなたの周りでは何が流行していましたか。ペアになって話し合いましょう。

流行したもの

!ヒント

映画・ドラマ ／ ファッション・髪型 ／ 食べ物・飲み物

活動 **2**

あなたが高校生だったころ、友達の間で何が流行していましたか。自分の高校時代に流行したものと、クラスメートの高校時代に流行したものは似ていますか。グループで話し合いましょう。

活動 **3**

日本にあるもので、自分の国に輸出したら流行るだろうなと思うものはなんですか。なぜですか。グループで話し合いましょう。

輸出するもの	輸出国	流行ると思う理由

子どものころみんなが持っていて、自分も欲しかった物は何ですか。グループで話し合い、友達が子どものころに欲しかったものをメモしましょう。話を聞いているときに、わからない言葉があれば質問します。話し合いのあと、友達が子どものころに欲しかったものをクラスの人に紹介してください。聞いている人はあいづちを打ちながら聞き、紹介が終わったら拍手をしましょう。

友達の名前	欲しかったもの	理由

〈発表原稿〉
　私のグループのアレクサンドラさんはロシア出身です。アレクサンドラさんが子どもだったころ、人形が欲しかったそうです。
　アレクサンドラさんが持っている人形は、お姉さんからもらったもので古かったからです。新しい人形がもらえるように、ジェド・マロースというロシアのサンタクロースのおじいさんに手紙を書きました。
　朝、目がさめると、ツリーの下に人形が置いてありました。アレクサンドラさんは、とてもうれしかったそうです。

活動 5

　あなたの国で若者に広く受け入れられている文化は何ですか。どんな特徴がありますか。他の友達の国ではどのようなものが人気ですか。グループで話し合いましょう。

◆キーワード◆

アニメ	スポーツ	アート
小説	音楽	映画
ゲーム	ファッション	キャラクターグッズ

B10

動物を飼いたいな
ペット　動物との共生

〈取り組む活動〉　1・2・3・4・5　⇒ 学習ノートで予習

Q あなたは犬派?　猫派?

聞きとろう ◎ CD 1-49	言ってみよう ◎ CD 1-50
（　）に何が入りますか。	「あなた」のパートを話してみよう。

田中	ケータイの待ち受け画面、シロに変えようっ（　）。
あなた	シロ…っていうと、ワンちゃんですか。
田中	うん、ほら、見て!　これ、シロの写真だよ。散歩のとき（　）撮ったの!
あなた	わあ、かわいいですね。あれ?　🎤リード（　）していないんですか?
田中	リードがある（　）苦しそうだから、ときどき外しちゃう。
あなた	え?　犬って急に大きな音が鳴ったりする（　）、飛び出しちゃうらしいですよ。
田中	人がいない公園で、少し（　）間リードを外すだけだよ。でも、たしか（　）危険はゼロじゃないか。これから（　）リードを外さないようにしようかな。
あなた	それがいいですよ。🎤シロがけがをした（　）かわいそうですよ。

🎤はアドリブでも OK!

話し合いましょう

活動 1

　あなたはペットを飼いたいと思ったことがありますか。どんなペットを飼いたいですか。どんなペットなら飼ってもいいと思いますか。クラスの中を自由に移動して、クラスメート3人にインタビューしましょう。

友達の名前	飼いたいペット	理由

活動 2

　友達と歩いていたら、公園で猫が鳴いていました。どうやら捨て猫のようです。ペアになって話し合い、このあとの行動を決めましょう。

例

えさを与える ／ 飼い主を探す ／ ポスターを作る ／ 病院へ連れていく　など

活動 3

　外国産の野生動物をペットとして飼ってみたいと考える人がいます。取引を禁止したり、規制をしたりしても高い価格で売れることから、なかなか密猟がなくなりません。こうした問題をグループで調査することになりました。話し合って資料をまとめ、クラスで発表しましょう。

活動 4

動物愛護団体で友達とボランティアをしています。あなたは「いぬねこ譲渡会」のポスターについて意見を求められました。前回の譲渡会には、あまり人が集まらなかったそうです。ポスターのどんなところを改善すればよいですか。グループで話し合いましょう。

！ヒント

・どんな人に来てもらいたいか
・来てほしい人に内容が伝わるか
・譲渡会の様子が伝わるか

前回のポスター▶

活動 5

先生が、以前猫を飼いたいと話していました。譲渡会で知り合ったボランティア仲間と一緒に、次の譲渡会に先生を誘うメールを書こうと思います。メールでどんなことを伝えますか。グループで話し合い、伝える内容をまとめましょう。

！ヒント

猫が10匹 ／ 猫の飼い方講習会 ／ ペット用品販売コーナー　など

＊先生方へ：必要に応じて、事前に実際の譲渡会の資料をご用意ください。

こんな施設があったらいいな

公共施設　地域との連携

〈取り組む活動〉　1・2・3・4・5・6　⇒ 学習ノートで予習

Q 公共施設を使ったことがありますか。

聞きとろう　◎ CD 1-51	言ってみよう　◎ CD 1-52
（　）に何が入りますか。	「あなた」のパートを話してみよう。

あなた	駅の近くのあ（　）図書館って、わりと古いですよね。🎙️いつ建てられたんですか。
鈴木	たしか 70 年代だった（　）なあ。同じ時期にいろんな施設を作ったんだよ。だからダメ（　）なるのも同じ時期かもしれないなあ。
あなた	なるほど。同じ時期にダメになってしまった（　）、複数の施設を一度に建て直すのは大変ですよね。🎙️施設を一か所にまとめ（　）らどうですか。
鈴木	一か所にまとめると、家のそば（　）公共施設が何もないって人が出てきちゃうでしょ。税金払うのはみんな同じなのにさ。
あなた	たしか（　）そうですね。すべての人の徒歩圏内に公共施設（　）建てたら、🎙️たくさん税金を使うことになっちゃいますね。

🎙️ はアドリブでも OK！

話し合いましょう

活動 1

　周辺にある公共施設を調べましょう。どのような公共施設を見つけましたか。インターネットで調べ、ペアで話し合ってまとめましょう。

施設名	利用対象者	利用者ができること

活動 2

　地域の人々が一緒に掃除をしたり、伝統的な料理を一緒に作ったりして、小学校や中学校の運営に携わる取り組みがあります。このような取り組みで、どのような効果が得られると思いますか。あなたならどのような取り組みをするといいと思いますか。ペアになって話し合いましょう。

【取り組みの例】

放課後なかよし塾	ボランティアが子どもたちの宿題を見守り、指導する
子ども稲作教室	米作りを子どもに教え、体験させる
地域の史跡探検	ボランティアと子どもたちが地域の史跡や重要文化財をめぐる

あなたが暮らす街の施設を外国人が利用する場合、困りそうなことはありますか。外国人が利用しやすいように工夫されていることはありますか。グループになって調べ、話し合いましょう。

徒歩圏内にあったらいいと思う施設は何ですか。誰にとってどんな施設が必要だと思いますか。グループで話し合ってまとめましょう。

利用対象者	施設名称	徒歩圏内にあったほうがいい理由
幼児・児童		
学生		
社会人		
高齢者		

「私たちと夢の図書館」という題材でプレゼンテーションを行うことになりました。「夢の図書館」とは、どのような図書館だと思いますか。また、その図書館で自分たちは何をしたいですか。キーワードを参考にしながらグループで話し合い、資料を作成してプレゼンテーションをしましょう。

◆キーワード◆

資料探しの専門家	読書案内	こたつやソファの設置
習い事	宿題手伝い	バリアフリーサービス
飲食店の充実	文化的な催し	研修・シンポジウム
美しい書架	コンサート	ボランティア
イベント	充実した電子図書	児童書・絵本の専門家
お昼寝ルーム	VR ルーム	デバイスの貸し出し

「私たちの街の魅力」というタイトルの冊子をクラスで作ることになりました。グループごとに担当テーマを決め、街の魅力をまとめましょう。

テーマの例

観光 ／ 食べ物 ／ 買い物 ／ 自然 ／ 交通
／ 学習 ／ 歴史 ／ 公共施設

＊先生方へ：担当するテーマや冊子の体裁は各クラスの状況に応じて決めてください。

どういう現象かというと

複雑なことがらの説明　自然現象

〈取り組む活動〉　１・２・３・４・５　⇒ 学習ノートで予習

Q オーロラの写真を見たことがありますか。

聞きとろう ◎ CD 1-53
（　　）に何が入りますか。

言ってみよう ◎ CD 1-54
「あなた」のパートを話してみよう。

山田	私、いつかオーロラツアー（　）行きたいのよね。
あなた	なんですか、その「オーロラツアー」って。
山田	オーロラはね、北極や南極の空（　）見られるカーテンみたいな光。それを見るツアー（　）あるから、行きたいなあって。
あなた	ああ、空の上（　）ゆらゆら揺れる光ですね。◎ミ私も見（　）みたいなあ。
山田	神秘的だ（　）思わない？
あなた	あれってツアー中に絶対に見（　）れるものなんですか？　見られなかっ（　）ら ◎ミスケジュールを変更するんですか？
山田	けっこう（　）確率で見られるらしいですよ。でも、オーロラって、どうして（　）んなふうに光るんでしょうね。

◎ミ はアドリブでも OK！

話し合いましょう

活動 1

「紅葉」「記憶」「グローバル化」のうち、1つ選び、ペアになって説明をしましょう。

活動 2

あなたの国に伝わる伝統的な遊びをカードにまとめて、クラス内で紹介することになりました。イラストや写真を使って、わかりやすく説明しようと思います。どんな内容を書くかペアになって相談しながら、「私の国の伝統的な遊び」の紹介カードを各自で作りましょう。

＊先生方へ：道具を使う遊び、体を使う遊び、屋内の遊び、屋外の遊びなど様々なパターンがあります。自由に書かせても、テーマを絞ってもよいでしょう。またイラストや写真を掲載したり、文字を読みやすく配置したり、読む人の興味をひくカードを作成するようご指導ください。

活動 3

あなたは近くの駅から自分の家までの道順やゲームのルールなど、複雑なことがらをわかりやすく説明することができますか。説明しなければならない情報が多いとき、何に気をつけて、どのように話すとよいと思いますか。クラスの中を自由に移動して、クラスメートにインタビューをしましょう。

友達の名前	どのように説明するとよいか

紙に書いて説明するとわかりやすいかもね。

道がごちゃごちゃしていて説明しにくいなあ。

活動4

　国際理解のためのイベントで、あなたの国の大学受験制度について5分間説明することになりました。どんなことを説明するとわかりやすいと思いますか。また、どのような資料を用意する必要がありますか。グループで話し合いましょう。

例

● 基本情報
● 参加人数
● 受験科目
● 最近の出題傾向
● 受験生や親が苦労していること　など

活動5

　国際交流クラブの会報に、留学生としてコラムを掲載することになりました。読者は日本人と海外からの留学生です。コラムは全部で4回分書く必要があります。内容や掲載する順序についてグループで話し合って決めましょう。

	掲載内容
第1回	
第2回	
第3回	
第4回（最終回）	

B13　今のうちに準備しておこう

準備　段取り　作業分担

〈取り組む活動〉　1・2・3・4・5・6　⇒　学習ノートで予習

Q 台風や大雪の前に、何か準備をしたことがありますか。

聞きとろう　◎CD 1-55	言ってみよう　◎CD 1-56
（　）に何が入りますか。	「あなた」のパートを話してみよう。

あなた	大家さん、こんにちは。何（　）なさっているんですか。
鈴木	さっきテレビ（　）大型台風が来るって言っていてね。ちょっと窓（　）補強をしておこうと思って。
あなた	えっ。今度の台風は大型なん（　）すか。私も何か準備したほう（　）いいでしょうか。◉⁝水と（　）、かんづめとか…。
鈴木	そうだね。断水があるか（　）しれないし、かんづめは日持ちするしね。
あなた	でも、停電になっ（　）ら、スマホの充電はどうしましょう…。スマホが使えなくなったら、◉⁝助け（　）求めることもできません。
鈴木	モバイルバッテリーをコンビニ（　）買っておくといいよ。
あなた	あっ！　そうですね。そうします！

◉⁝はアドリブでもOK！

活動 1

　あなたは前の晩に、次の日の持ち物や洋服を準備しておきますか。なぜですか。ペアになって話し合いましょう。

活動 2

　来日するにあたって、日本で快適に暮らすために、あなたが準備したものは何ですか。ペアになって話し合いましょう。

活動 3

　今度の日曜日、グループでバーベキューに行くことになりました。誰が何を準備しますか。グループで話し合いましょう。

バーベキューグリル	炭	着火材	ライター
クーラーボックス	保冷剤・氷	トング・はし	皿・コップ
テーブル・チェア	食器洗いグッズ	レジャーシート	ウェットティッシュ
アルミホイル	鉄板	キッチンバサミ	下味処理をした肉
カット野菜	マシュマロ	虫よけスプレー	ゴミ袋

＊先生方へ：物の大きさや重さ、費用、買い物の手間などの観点から、どう分担するとよいかを話し合うようにご指導ください。

グループの友達とルームシェアをしようと思います。一緒に暮らし始めてから
もめないように、「ルームシェア規約書」を作成することになりました。どんな
内容を項目に入れますか。グループで話し合い、規約書を作りましょう。

◆キーワード◆
● 金銭（家賃、水道代、光熱費、雑費）の管理
● 生活面（冷蔵庫、共有部分の使い方、掃除）
● プライバシー（門限、電話、オーディオ、郵便物）

活動 **5**

　今度の週末にパーティーを開くことにしま
した。どんな内容のパーティーにしますか。
どのように準備をしますか。段取りや作業
分担をグループで話し合って決めましょう。

パーティーの概要	
目的（誕生日会、季節の行事など）	
おおよその予算	
パーティーの時間	
作るもの	
購入するもの	
招待する人たち	

作業分担	
誰が何を持ち寄るか	
誰が何を作るか	
誰が招待状を作るか	

家庭教師先の小学生ハナちゃんは、いつも学校で怒られてばかりいるそうです。次の質問についてグループで話し合いましょう。

Q.　エピソードを読んで、どのように感じますか。

Q.　自分の子ども時代を思い出してください。勉強や家の手伝いをどのように両立させていましたか。ハナちゃんにどのようなアドバイスができますか。

Q.　ハナちゃんの家族や周囲の人は、ハナちゃんに対してどのようなサポートをするといいと思いますか。

ハナちゃんの放課後

　ハナちゃんは学校から帰ると、まず、おやつを食べます。

食べながら少しだけ動画を見てから、宿題に取りかかります。今日選んだ動画は思ったよりも面白くて、結局3話分見ました。そのあと学習ドリルをランドセルから取り出しましたが、いったいどのページをやればいいのかわかりません。

　ハナちゃんは困ってしまい、友達に電話をして聞こうと考えました。電話は3人目でやっとつながりました。宿題のページがわかったので一生懸命取り組みましたが、難しくてなかなか終わりません。ハナちゃんがすることになっている洗濯物をたたむお手伝いも終わっていない状態です。

　宿題はもっと簡単だと思っていました。「どうしていつもうまくいかないの!」とハナちゃんは泣き出してしまいました。

B14 それも一理あるけど

異なる意見を調整する

〈取り組む活動〉 1・2・3・4・5・6 ⇒ 学習ノートで予習

Q 異なる意見の人とも仲良くできますか。

聞きとろう ◎ CD 1-57
（　）に何が入りますか。

言ってみよう ◎ CD 1-58
「あなた」のパートを話してみよう。

田中	今度の新人歓迎会、どこでやる（　）がいいだろう。
あなた	大勢集まっても迷惑（　）ならない店じゃないと。 🗨どこがいいでしょう。
田中	うーん。学校のそばの中華料理店にし（　）い？　ちょっと高いんだけ（　）、おいしいよ。
あなた	高い（　）ら別の店がいいなあ。あっ、あそこ（　）どうでしょう。駅前のイタリアン。🗨この間行った（　）ど、おいしかったし、安かったですよ。
田中	イタリアンも悪くないんだけど、そのお店、8人で一緒に食事ができる大き（　）テーブル、ある？　その中華の店に（　）、ちゃんとあったよ。
あなた	あ、そっか。全員が同じテーブルで（　）なると、🗨駅前のイタリアンは難しいなあ。

🗨 はアドリブでもOK！

話し合いましょう

活動 1

　「最近の映画」について発表するために、映画を1本見なければなりません。近くの映画館で上映している映画を確認したところ、あなたと友達で見たい映画が違いました。どのように調整しますか。ペアになってAとBで役割を分け、話し合って見に行く映画を決めましょう。

〈ロールカードA〉

　人気の俳優が出ているホラー映画がいい。

〈ロールカードB〉

　今話題になっているアニメ映画がいい。

活動 2

　話し合いがうまくいかなくて、困ったことはありますか。話し合いがうまくいかない原因にはどのようなことが考えられますか。また、多くの人が納得できる結論を出すにはどうすればいいですか。ペアになって話し合いましょう。

!ヒント

自分の立場を明確にする ／ 異なる意見の理由を知る ／ 様々な立場で考える　など

活動 3

　先生に「桃太郎」のお話をしてもらいましょう。桃太郎のお話に、1種類動物を増やすとしたら、どの動物を増やしますか。グループで話し合いましょう。

	増やす動物	理　由
私		
グループの結論		

＊先生方へ：この活動に取り組む前に、「桃太郎」のお話を聞かせてあげてください。

活動 **4**

ルームシェアをしている友達同士でペットを飼おうと考えています。鳥、犬、猫、モルモットの中で、何を飼おうか迷っています。どの動物を飼いますか。グループで手分けしてそれぞれの動物の魅力を調べ、伝え合いましょう。その後、最終的にどの動物を飼うか決めましょう。

おすすめする動物	理由	おすすめする動物	理由
鳥		猫	
犬		モルモット	

最終決定	選んだ理由

活動 **5**

皆さんは、ディベート大会に出場することになりました。ディベートのテーマは「結婚生活に必要なのは、お金か愛情か」です。AとBに分かれ、ディベートをしましょう。

A) 結婚生活に必要なのはお金である。　　B) 結婚生活に必要なのは愛情である。

活動 **6**

グループで3泊4日の旅行に行くことにしました。どこに行きますか。まず、それぞれの観点から候補地をいくつか書き出しましょう。その後、グループで話し合って行き先を決定しましょう。

観点	候補地
食べ物がおいしい	
温泉がある	
景色がいい	
遊園地がある	
日本文化を体験できる	

街が抱える問題は

住居　景観　都市問題

〈取り組む活動〉　1・2・3・4・5・6　⇒ 学習ノートで予習

Q 子どものころに比べて、実家の周りの風景は変わりましたか。

| 聞きとろう　◎CD 1-59 （　　）に何が入りますか。 | 言ってみよう　◎CD 1-60 「あなた」のパートを話してみよう。 |

鈴木	図書館の近くの住宅街（　）、マンション建設反対ってのぼりが出てたね。
あなた	見ました、見ました！　🔊₃どうしてあんな（　）反対しているんでしょうか。
鈴木	景色が変わるとか、街並みの統一感がなくなるっていうの（　）理由らしいよ。でも、あそこ（　）で激しい反対運動になってるとは知らなかったな。
あなた	ええと、もうその土地は買われ（　）しまっているんですよね？　🔊₃反対運動をする（　）、計画が白紙になるんですか。
鈴木	それはどうかな。法や条例に違反していないのであれ（　）、中止にはならないケースが多いかもしれないね。
あなた	そうなんですか。　🔊₃な（　）なか難しい問題ですね。

🔊₃ はアドリブでも OK！

話し合いましょう

活動 1

衣食住のうち、あなたは何を重視しますか。なぜですか。ペアになって話し合いましょう。

活動 2

これまでに住んだ家の中で、一番気に入っている家はどんな家ですか。ペアになって話し合いましょう。

活動 3

あなたが住んでみたいところはどこですか。何が魅力的ですか。また、クラスの中を自由に移動して、友達3人にインタビューしましょう。

> **!ヒント**
>
> 仕事のチャンス ／ 外国人人口 ／ 交通の利便性 ／ 教育・文化環境 ／ 豊かな自然　など

私 ／ 友達の名前	住んでみたい場所	魅力的なところ
私		

近代的な暮らしと伝統的な暮らしをうまく調和させている街をグループで調べ、資料にまとめて発表しましょう。

活動 5

都市部への人口集中は、どのような問題を引き起こしますか。また、人口を集中させないためにはどうすればいいと思いますか。あなたの国の状況と比較しながら、グループで話し合いましょう。

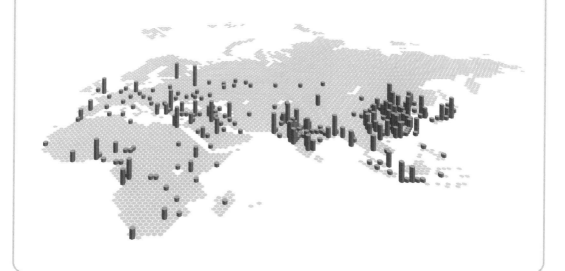

活動 6

地方の人口が減ることで生まれる問題には、どのような問題がありますか。グループで話し合い、資料をまとめてクラスで発表しましょう。

例

経済格差 ／ 犯罪 ／ 住宅問題 ／
財政難 ／ 高齢化 　など

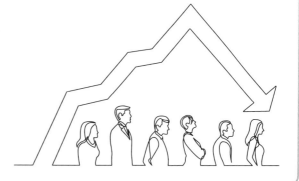

C1 うまく伝わったかな

要点・特徴を捉える　わかりやすく伝える

〈取り組む活動〉　1・2・3・4・5・詩　⇒　学習ノートで予習

Q 人にわかりやすく説明することができますか。

聞きとろう　◎CD 2-1
（　）に何が入りますか。

言ってみよう　◎CD 2-2
「あなた」のパートを話してみよう。

山田	初めて（　）インターン、どう？　うまくいってる？
あなた	ちょっと大変です。日本語（　）話すときに、●ミ緊張しちゃうんです。
山田	え、ほんと？　日本語すごく上手じゃない。緊張なんてしなくていい（　）に。
あなた	うーん、相手の言っていることは全部聞き取れる（　）、意味もわかるんです。でも、自分の話したいこと（　）うまく言えなくて…。話している途中で、●ミ何（　）話しているかわからなくなってしまうんです。
山田	そうなんだ。それ（　）大変ね。
あなた	話しているうちに、こう、何というか…、●ミしどろもどろ（　）なってしまうんです。
山田	上手（　）話せてると思うけどねえ。じゃあ、自分が話したいことをまとめておくのは（　）う？　そうすれば緊張しないんじゃないかな。

●ミはアドリブでもOK！

118　C1　要点・特徴を捉える　わかりやすく伝える

話し合いましょう

活動 1

ペアになって、自分の知っている童話や民話のあらすじを５文以内にまとめ、紹介しましょう。

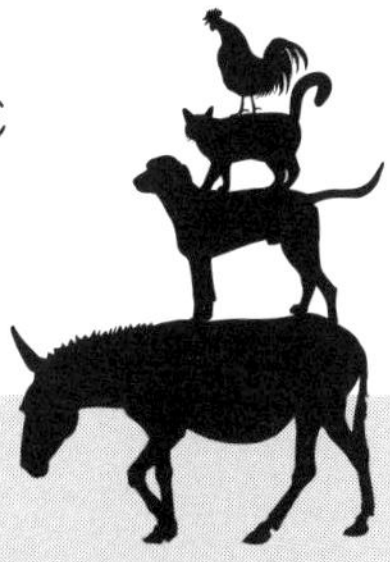

例

ブレーメンの音楽隊

① 年を取って主人のために働けなくなった動物たちが、ブレーメンの音楽隊に入ることを夢見て旅立ちます。
② 旅の途中、ある家でおいしそうにごはんを食べている泥棒たちを見つけます。
③ 動物たちは知恵をしぼって、泥棒たちを家から追い出しました。
④ 動物たちは家に残されていた食べ物を食べて、ぐっすり寝ました。
⑤ 動物たちは音楽隊に入ることをやめて、その家でずっと幸せに暮らしました。

物語のタイトル
「　　　　　　　　　　　　　　　　　　　　　　　　」

①

②

③

④

⑤

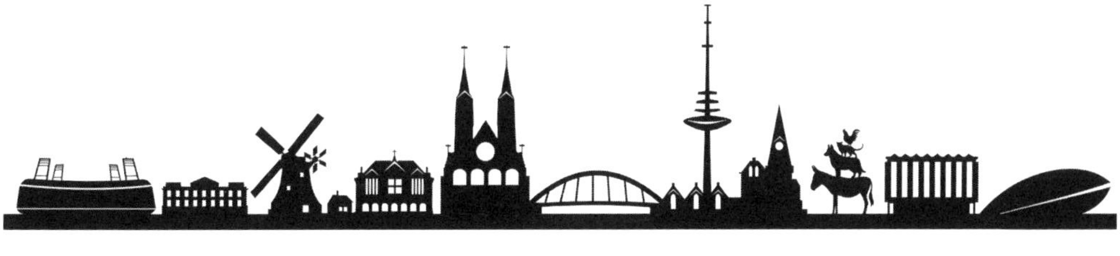

ペアになって次の単語から好きなものを選び、二人で交互に説明してみましょう。

ろうそく	月	マスク	深海
キャンプ	ランドセル	インスタントラーメン	防災訓練
心臓	ホッチキス	炭酸水	眼鏡

じゃあ、今度は「キャンプ」でやってみましょうか。私から
いきますね。ええと、野外での一時的な暮らしです。

大自然の中で、ふだん味わう
ことができない経験をします。

例えば、テントをはったり、
たき火をしたりします。

最近では、一人で楽し
む人も多いようです。

*先生方へ：制限時間を決めて、選んだ単語を説明する文章を交互に作ります。制限時間は30秒～1分の間で、状況に応じて決めてください。

活動 **3**

　買い物リストと財布だけを持って、ホームセンターに買い物に出かけました。
ところが、来る途中で買い物リストを落としてしまったようです。欲しいものを伝
えたいのですが、どうしても名前が思い浮かびません。どのように説明して探し
てもらいますか。グループで話し合いましょう。話し合いの後、「どんな説明がわ
かりやすいと思ったか」「なぜその説明をわかりやすいと感じたのか」について、
気づいた点をみんなに伝えましょう。

❗ヒント

使うシーン ／ 形状 ／ 大きさ ／ 重さ　など

活動 **4**

　学校の先生に、「この仕事をしていてよかったこと」をインタビューすることになりました。事前の準備や段取り、メモの取り方など、どのような工夫が必要ですか。下の表の中で、「いい工夫だな」と思うものに〇をつけましょう。その後、みんながいいと思ったことやその理由、ふだん自分が行っている工夫についてグループで話し合いましょう。

工　夫	いいと思う
聞いたことは全部書く。	
質問したいことは、あらかじめまとめておく。	
話を聞く人と、メモを取る人を分ける。	
キーワードだけをメモする。	
「いつ・どこで・何が・どのように・どうした」ということに注意して聞く。	
話の順番は気にせず、ノートの空いているところにどんどん書いていく。	
たくさんの色を使って書く。	
かっこいいノートを使う。	

〈私がふだん工夫していること〉　　　　　〈みんながふだん工夫していること〉

-
-

・　　　　　　　　　　　　　　　　　　　・

活動 **5**

　学校周辺のすてきな人にインタビューして、紹介することになりました。誰を紹介しますか。その人の何をどのように伝えると効果的かをグループで話し合いましょう。それをもとに、発表しましょう。

　紹介したい内容がまとまったので、そろそろ伝え方を考えましょうか。どのように伝えたらいいと思いますか。

　ポスター発表みたいな形がいいんじゃないかなあ。双方向でやり取りをすると理解しやすいと思うんですけど…。

　クイズにして、みんなに参加してもらうのはどうかな。優勝した人には、地元の何かを一つプレゼントするとか…。

＊先生方へ：情報の取捨選択をして、伝える内容や方法を自分たちで決めさせます。商店街や工場などでインタビューをしてきてもらうのもよいでしょう。

要点・特徴を捉える　わかりやすく伝える　**C1**　121

詩を作ってみよう

ものの特徴を思い浮かべて小さな詩を作ってみましょう。以下の手順にそってペアで話し合い、詩を5つ作りましょう。その後、ペアで1つの詩を選んで先生に提出しましょう。

① 詩にしたいものを思い浮かべましょう。何を選びますか。

選んだもの

> 「雲」の詩を作ってみたいな。

② 選んだものの特徴を思い浮かべましょう。
どんな特徴がありますか。

特徴1

特徴2

特徴3

> 雲の特徴は…
> ・たくさんの色がある
> ・いろいろな形になる
> ・風で飛ばされる

> ここからどう変化させようかな。

③ その特徴を、何かにたとえましょう。

特徴1のたとえ

特徴2のたとえ

特徴3のたとえ

> うまくたとえられましたか?

> 朗読しやすい文章になっていますか?

④ たとえた言葉を並べると…、詩になりました!

> 言葉のリズムを整えましょう。

完成

（タイトル「　　　　　　　　　」）

> 赤 青 黄色 桃 紫
> 帽子や龍に大変身
> 風が吹いたら飛ばされて
> 何千キロも移動する
> （タイトル「雲」）

*先生方へ：作った詩は集めて、後日クラスで配布してください。うまく特徴を捉えられなかったり、特徴を別のものにたとえたりできない学習者がいる場合、自国のなぞなぞで使われているたとえを思い浮かべてもらうとうまくいくことがあります。なぞなぞから詩をつくる取り組みで使う教案と授業用資料は、ウェブサイトからダウンロードすることができます。

資料ダウンロード

地域社会の中で
協働　社会貢献

〈取り組む活動〉　1・2・3・4・5　⇒ 学習ノートで予習

Q どんなときに地域とのつながりを感じますか。

次回の町内会
議題
1.夏祭りの準備
2.通学路の見守り
3.公園清掃
4.
5.

聞きとろう　◎CD2-3
（　）に何が入りますか。

言ってみよう　◎CD2-4
「あなた」のパートを話してみよう。

鈴木	今日の町内会では、意見を出してくれ（　）ありがとう。助かったよ。
あなた	いえいえ、全然たいしたこと（　）言えませんでした。 でも、みんな（　）一緒にルールを考えるのは ❁すごく楽しかったです。
鈴木	それはよかった。実は、もっと外国から来た人に参加してほしいと思っ（　）るんだ。どうしたら参加してもらえるかなあ。
あなた	そうですね。話し合う前に少し準備ができる（　）うれしいです。 ❁話し合いのテーマを資料にして、数日前（　）みんなに配っておくのはどうでしょうか。
鈴木	あ、なるほど。意見を言う前に、考える時間（　）欲しいと思う人は多いかもしれないね。ちょっと他の役員さんに提案してみる（　）。ありがとう。

❁ はアドリブでも OK！

話し合いましょう

活動 1

あなたは地域社会の催しに参加したことがありますか。どんな催しなら積極的に参加したいと思いますか。なぜですか。ペアになって話し合いましょう。話を聞いているときは、あいづちを打ったり、メモを取ったりしましょう。

活動 2

視野を広げるために、国際的な交流の場へ出かけることにしました。身近にはどのような国際交流の場がありますか。ペアになって調査結果を資料にまとめ、調べた結果をクラスでシェアしましょう。

交流の場	活動内容
例：国際交流サークル「ほのぼの」	お互いの国の言葉を教え合う

活動 3

あるキャンプ場が閉鎖されることになりました。利用者がごみを持ち帰らなかったり、夜遅くまで大音量で音楽を流したりするなど、地域住民の生活に支障が出たからです。利用者にルールを守ってもらうためにはどうすればいいと思いますか。ペアになって話し合いましょう。

より良い社会を作るために、あなたができることはなんですか。また、社会のために働くことで得られるものはなんだと思いますか。グループで話し合いましょう。

私ができること	得られるもの

活動 **5**

国際交流イベントで、「留学生と未来の街づくり」というテーマのプレゼンテーションを頼まれました。留学生としてどのような街づくりをしたいですか。グループで話し合い、プレゼンテーション資料を作りましょう。その後、クラスで発表しましょう。

構成案	
街づくりのアイデア （やりたいこと、目標）	
実現プラン （方法、手順）	
説明資料 （グラフ、図、事例）	

＊先生方へ：プレゼンテーションの方法は教室の実情に合わせて指定してください（パワーポイント、ポスター発表、等）。目的に応じて複数の情報源から必要な情報を選び取り、構成を工夫するようサポートをしてください。

C3　男女平等と言うけれど

ジェンダー　男女平等

〈取り組む活動〉　1・2・3・4・5・6　⇒　学習ノートで予習

Q ジェンダー不平等という言葉を聞いたことがありますか。

聞きとろう ◎CD 2-5
（　　）に何が入りますか。

言ってみよう ◎CD 2-6
「あなた」のパートを話してみよう。

田中	社会学の授業で、「私が思う男女平等」っていうテーマ（　）レポートを書くことになったんだ。これか（　）本やネットでいろいろ勉強しなくっちゃ。
あなた	ジェンダー問題ですか？　私も以前 "ガラスの天井"（　）いう、女性が直面する壁の記事をネットで読みました。🔊 まだまだ課題が多いですね。
田中	女性の管理職の少なさを考える（　）ね…。やっぱり、ガラスの天井はあるんだろうなって気（　）する。女性は苦労するなあ。
あなた	あの、男性もジェンダー（　）苦労している面はありますよ。私も親（　）ら🔊「男の子なんだから責任を持って！」なんて言われてきましたし…。
田中	あっ、それ、うちの弟も言われてた！　やっぱり、お互いを理解するために、（　）っと話し合いをしていかなきゃね。誰にとっても生きやすい世の中（　）なるようにね！

🔊 はアドリブでも OK！

話し合いましょう

活動 1

ジェンダー格差はどのようなシーンで見られ
ますか。ペアになって話し合いましょう。

活動 2

あなたの国の教育現場では、男性教員と女性教員のどちらが多いですか。
教員を男女半数ずつにすべきだと思いますか。なぜですか。ペアになって話し
合いましょう。

活動 3

これまでに、「男だから」「女だから」
という理由で制限されているなと感じ
たことはありますか。自分や身近な人
の経験をもとに、グループで話し合い
ましょう。

CAREER　FAMILY

活動 4

賃金や賞金について、バスケットボールなど大き
く男女差があるスポーツと、テニスのようにあまり
男女差がないスポーツがあります。なぜ賃金や賞
金に差があったり、なかったりするのだと思います
か。グループで話し合い、様々な角度から考えた
結論をクラスで発表しましょう。

多くの分野で男女が同じ職業に就くようになりましたが、「男の人が多い仕事」と「女の人が多い仕事」も見られます。あなたの国の「男の人が多い」または「女の人が多い」職業には、どのようなものがありますか。なぜそのような状況になっているのだと思いますか。他の国ではどうですか。グループで話し合いましょう。

活動 6

国内外のジェンダー問題に関するスピーチをグループで調査し、1つ選んでスピーチの内容を資料にまとめましょう。話し合いの中で生まれた意見は、できるだけたくさんメモしましょう。

講演者	名前		出身国	

	年		場所	
	タイトル			
スピーチ	内容 ・テーマ ・主張 ・エピソード ・データ ・講演の背景 ・今後の目標 など			

話し合いメモ

＊先生方へ：調査するスピーチは日本語でなくてもかまいません。その場合、内容をまとめるところから日本語で行うようにご指導ください。

C4 私のストレス解消法

リラックス　余暇　仕事と家庭生活

〈取り組む活動〉　1・2・3・4・5・6　⇒ 学習ノートで予習

Q リラックスしたいとき、あなたは何をしますか。

聞きとろう 🔘CD 2-7 ( ) に何が入りますか。

言ってみよう 🔘CD 2-8 「あなた」のパートを話してみよう。

田中	この間参加したオンラインヨガ、わり（　）よかったなあ。自宅（　）できるし、ストレス解消のために、ちょっと続けてみようかな。
あなた	へえ、オンラインヨガです（　）。オンライン教室は 🔊私の国でも流行っているみたいですよ。
田中	やっぱり、どこの国でもそうなんだ。
あなた	うちの親も、最近オンラインの教室（　）楽しんでいるみたいです。空いている時間（　）気軽に参加できるのがいいって言ってました。
田中	うんうん。オンライン教室って、その気軽さ（　）いいよね。
あなた	それに、出かけなくていいから、🔊天気や体調を考えなくていいの（　）気に入っているそうです。

🔊 はアドリブでも OK！

話し合いましょう

活動1

余暇は何のために必要だと思いますか。なぜですか。ペアになって話し合いましょう。

例

> リラックスして心と体を休める
> ／ 趣味に打ち込む　など

活動2

働く時間が短くなるとしたら、あなたは休日が増えるほうがいいですか。それとも、毎日の労働時間が短くなるほうがいいですか。なぜですか。ペアになって話し合いましょう。

活動3

あなたは気分を上手にコントロールすることができますか。ストレスがたまっているなと感じるとき、どうすればいいと思いますか。クラスの中を自由に移動して、3人の友達にインタビューをしましょう。

友達の名前	ストレス解消法

20代から60代を対象に、仕事と家庭生活とのバランスを調査しました。以下のグラフは調査の結果です。なぜこのような結果が出たのだと思いますか。あなたなら仕事と家庭生活、どちらを重視しますか。なぜですか。グループで話し合いましょう。

仕事と家庭生活の優先順位

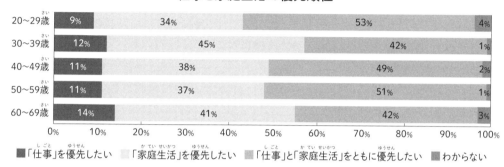

	「仕事」を優先したい	「家庭生活」を優先したい	「仕事」と「家庭生活」をともに優先したい	わからない
20～29歳	9%	34%	53%	4%
30～39歳	12%	45%	42%	1%
40～49歳	11%	38%	49%	2%
50～59歳	11%	37%	51%	1%
60～69歳	14%	41%	42%	3%

■「仕事」を優先したい 　「家庭生活」を優先したい 　「仕事」と「家庭生活」をともに優先したい ■わからない

活動 5

高齢者が健康で充実した暮らしを送るために、周囲の人々はどのようなサポートができると思いますか。グループで話し合い、資料にまとめてクラスで発表しましょう。

運動する時間が少ない
一人で食事することが多い
社会につながる場が少ない
食事を作ることが大変

片付けが難しい
体が思うように動かない
生活費が心配
どこかへ行くのが難しい

活動 6

「タバコは健康に悪いから1本200円にすべき」というテーマで肯定派・否定派に分かれ、ディベートをしましょう。話を聞いているときはメモを取りましょう。

肯定派の意見	否定派の意見

＊先生方へ：ディベートの時間をご指定ください。どちらの立場になってもいいように準備をさせ、授業当日に立場を指定してください。ディベートの後、時間に余裕があれば肯定派・否定派の立場を入れ替えて、再度ディベートをさせてください。

C5 相談してみよう

問い合わせ　相談

〈取り組む活動〉　1・2・3・4・5・6　⇒ 学習ノートで予習

Q 相談窓口に問い合わせをしたことがありますか。

聞きとろう 🔊CD 2-9
（　　）に何が入りますか。

言ってみよう 🔊CD 2-10
「あなた」のパートを話してみよう。

受付	こんにちは。どうされましたか？
あなた	実は、学費（　　）納入が遅れそうで…。◉相談に乗っていただけますか。
受付	はい、学費納入（　　）ついてですね？ 遅れるというのは、何かご事情でも？
あなた	はい、実は先日実家のあたりで大規模（　　）水害があったんです。両親（　　）ら「仕送りがちょっと遅れる」と言われて…。◉どうしたらいいでしょうか。
受付	水害ですか…。それ（　　）大変でしたね。ご両親は（　　）無事ですか？
あなた	あ、はい。ありがとうございます。幸い、◉無事（　　）避難できたようです。
受付	そのようなご事情（　　）ら、手続きをすれば、一時金が無利子で借りられるかもしれません。今日の夕方、奨学金の窓口に（　　）越しいただけますか。それまでに資料をそろえておきますね。

◉ はアドリブでも OK！

話し合いましょう

活動 1

心に悩みがあるときや生活に不安があるとき、あなたはいつも誰に相談していますか。どうしてその人に相談しますか。相談しても解決しないときはどうしますか。ペアになって話し合いましょう。

活動 2

日本で暮らし始めたとき、どのようなことが不安でしたか。今も不安に思うことや自信がないことはありますか。グループで話し合いましょう。話を聞いている人は、あいづちを打ちながら聞き、もしアドバイスできることがあれば、話している人に教えてあげましょう。

活動 3

ある自治体では、外国人留学生をサポートするために相談窓口を開設しています。Aさんは以下のような悩みがありますが、どのように相談すればいいかわからないそうです。ペアになって話し合い、Aさんが相談するときに役に立つメモを作ってあげましょう。

〈Aさんの悩み〉
・日本の生活になかなか慣れることができません。
・親しい友人ができず、孤独です。
・日本語を毎日練習しているのに、なかなかうまくなりません。
・アルバイトの時給が、他の人より安い気がします。

（話し始め）
すみません。私はxxに住んでいる留学生です。
ちょっと相談したいことがいくつかあるんですけど…。

（相談の内容）

実は、

それに、

それから、

そのうえ、

（話し終わり）

今日はお時間をいただき、ありがとうございました。

活動 **4**

　Ａさんは毎日の生活を充実させて楽しむことにお金を使いたいと思い、とくに貯金はしていません。ところが友達に「将来のために貯金や投資などもしたほうがいいよ」と言われ、心配になってきました。ロールプレイをしましょう。

〈Ａさん〉

　Ｂさんに不安を打ち明けて、相談に乗ってもらってください。

〈Ｂさん〉

　Ａさんの不安を聞いてあげてください。そして、自分の考えをもとに、Ａさんがどうすればいいと思うかを話してください。

活動 **5**

　隣の家から、いつも大きな音とともに子どもの泣く声が聞こえてきます。あなたは友達と一緒に相談窓口に電話をして相談することにしました。どこに電話して、どのように話しますか。グループで相談先の情報を集め、相談するときに伝えなくてはならないことや注意することをまとめましょう。

＊先生方へ：必要に応じて、189番(児童相談所虐待対応ダイヤル)などの相談窓口に関する資料をご用意ください。

活動 **6**

　以下の資料は、国民生活に関する世論調査の結果のうち、「悩みや不安を感じること」についての回答をグラフにしたものです。あなたはどの項目に関心がありますか。また、あなたの国で同じ調査をするとしたら、同じような結果になると思いますか。グループで話し合いましょう。

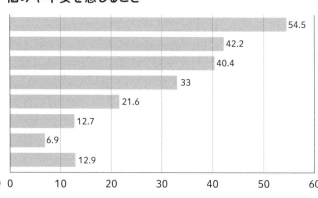

悩みや不安を感じること

項目	%
自分の健康	54.5
家族の健康	42.2
今後の収入や資産	40.4
現在の収入や資産	33
進学、就職、結婚など生活上の問題	21.6
勤務先の仕事や人間関係	12.7
近隣社会や地域との関係	6.9
家族や親族間の人間関係	12.9

（複数回答、数字は％）

平成30年度　国民生活に関する世論調査（内閣府）

C6 それは確かですか?

ソーシャルメディア　ネットリテラシー　ICT（情報通信技術）

〈取り組む活動〉　1・2・3・4・5　⇒ 学習ノートで予習

Q インターネットの情報はどれくらい信頼できると思いますか。

聞きとろう　◎CD 2-11
（　）に何が入りますか。

言ってみよう　◎CD 2-12
「あなた」のパートを話してみよう。

田中	昨日の地震、けっこう揺れたね！　大丈夫だった？
あなた	はい、大丈夫でした。でも、棚の食器が音を立てて、本当（　）びっくりしました。田中さんはどうでしたか？
田中	うん、大丈夫だったよ。ねえ、（　）の地震の影響でトイレットペーパーが不足するらしいよ。すごい勢い（　）店頭から消えてるんだって。SNSでみんな言ってる。
あなた	SNSで拡散してるっ（　）ニュース、私もテレビで見ました。🗨でもそれっ（　）確かな情報なんですか？
田中	みんな言ってるし、そうだ（　）思う。とりあえず買いに行かなきゃ。
あなた	ちょっと待ってください。🗨今、情報源（　）調べてみます。

🗨 はアドリブでもOK！

話し合いましょう

活動 1

あなたはふだん、どのようなソーシャルメディアを活用していますか。どんな点が便利ですか。どんな危険性がありますか。ペアになって話し合いましょう。

ソーシャルメディアの例

| ブログ ／ SNS ／ 動画サイト ／ 投稿型サイト　など |

便利な点
・同じ趣味を持つ人とつながれる
・ボランティアや社会貢献に活用できる
・昔の友人に再会するきっかけになる

危険性
・アカウントの乗っ取り
・画像や動画投稿によるトラブル
・詐欺サイトへの誘導

活動 2

企業がソーシャルメディアを活用するメリットやデメリットは何だと思いますか。また、企業はソーシャルメディアを活用したほうがいいと思いますか。クラスの中を自由に移動して、友達の意見を聞いてみましょう。

❶ヒント

| 宣伝、クレーム　など |

友達の名前	メリット・デメリット	活用すべきか否か・理由

活動 3

　コンビニエンスストアなどのお店では、どのような情報をどのように活用していますか。グループで調査し、資料にまとめましょう。

⚠ヒント

POS レジ ／ 会員アプリ ／ ポイントカード ／ SNS ／ ビッグデータ ／ 天気予報

*先生方へ：必要に応じて、コンビニのサービスや品ぞろえについて話し合ったり、コンビニの POS レジ活用についての情報を与えたりしてから、グループ活動に入らせてください。

活動 4

　インターネットのサービスを利用して、特定の人の悪口を書き込んだり、その人が見られたくない写真や動画、個人情報を許可なく投稿したりするネットいじめが問題になっています。このようなサイバー空間のいじめについて調査し、グループで話し合って資料にまとめ、クラスで発表しましょう。

パソコンや携帯電話等を使ったいじめ

（出典：文部科学省　児童生徒の問題行動・不登校等生徒指導上の諸課題に関する調査）

*先生方へ：扱う事例の範囲（日本、各自の出身国、世界）については学習者に任せてください。また、上のグラフは 2021 年のものです。必要に応じて最新のデータを学習者に伝えてください。

活動 5

　オンラインゲームに夢中になってしまい、スマホやパソコンが使用できないとイライラしたり、実生活がうまくいかなくなったりする子どもたちがいます。あなたの国にも似たような問題がありますか。どのようにサポートしたらいいと思いますか。グループで話し合いましょう。

伝統文化を守りたい

伝統工芸　伝統文化

〈取り組む活動〉　1・2・3・4・5・6　⇒ 学習ノートで予習

Q 日本の伝統工芸品を買ったことがありますか。

聞きとろう　◎ CD 2-13 （　　）に何が入りますか。	言ってみよう　◎ CD 2-14 「あなた」のパートを話してみよう。

山田	そういえ（　）私ね、この間「七宝焼」に挑戦してきたんですよ。このペンダント、私（　）作ったの。
あなた	えっ。このペンダント（　）？　すごい。プロ（　）たいですね。本当にきれい！ 🎨 作るのが難しそうですね。
山田	伝統工芸品だから、作るの（　）難しいって私も思ってたんですよね。でも教室には材料がそろってる（　）、丁寧に教えてくれたから楽しかったよ。
あなた	いいですね。私も行っ（　）みたいなあ。こんなきれい（　）和風の小物、 🎨 実家に送ってあげたいです。
山田	私が行ったときは、外国の方も何人（　）参加してましたよ。行ってみたら？

🎨 はアドリブでも OK！

話し合いましょう

活動 1

あなたの国で知られている日本の伝統文化は何ですか。どのように紹介されていますか。ペアになって話し合いましょう。

活動 2

あなたの国にはどのような伝統工芸品がありますか。紹介カードを書きましょう。
ペアになってお互いの紹介カードを確認し、より良いカードになるようにアドバイスをしましょう。

伝統工芸品の名前	紹介文
<写真またはイラスト>	

＊先生方へ：必要に応じて、「紹介カード」をダウンロードしてご利用ください。 資料ダウンロード

活動 3

あなたの学校がある都道府県には、どのような伝統工芸が伝わっていますか。何を材料にしていますか。どんな特徴がありますか。
なぜその土地で盛んになったのですか。グループで調べて資料を作成し、クラスで発表しましょう。

日本の魅力を海外に発信する取り組みがあります。あなたが日本の伝統工芸品を担当するとしたら、どこの国に、何を発信したいですか。なぜですか。グループで話し合いましょう。

故郷の友達に「日本ってどんな国?」と聞かれました。あなたはなんと答えますか。クラスの中を自由に移動して、5人の友達にインタビューをしましょう。

友達の名前	どんな国か

いろいろな宗教を寛容に受け入れる文化があると思います。

電車やバスなど公共交通機関の中で、みんな静かにしています。

アニメや漫画の種類が豊富です。

接客やサービスの質が高いです。

「伝統工芸の魅力」というタイトルでポスター発表をすることになりました。どんな内容にしますか。ウェブサイトや関連書籍を参考にしながら、グループで伝統工芸の魅力を紹介するポスターを作りましょう。その後、クラスでポスター発表をしましょう。

*先生方へ：必要に応じて伝統工芸に関するウェブサイトや書籍を紹介したり、現物を用意したりするなど、参考になるものをご用意ください。

C8 アルバイトでもしようかな

仕事　面接

〈取り組む活動〉　1・2・3・4・5・6　⇒ 学習ノートで予習

Q アルバイトをしたことがありますか。

聞きとろう ◎ CD 2-15
（　）に何が入りますか。

言ってみよう ◎ CD 2-16
「あなた」のパートを話してみよう。

田中	うーん。どこ（　）応募しようかなあ。
あなた	田中さん、💬何を見ているんですか？
田中	求人誌だよ。「ご自由にお持ちください」って駅（　）置いてあるでしょう？ それ（　）もらってきたの。ちょっとバイトでも（　）ようかなと思って。
あなた	ああ、改札付近に置いてありますね。💬どんな仕事（　）のっているんですか。
田中	カフェや本屋の店員でしょう？　それか（　）、警備員とか、塾講師とか… いろいろあるよ。
あなた	実は、私（　）バイト先を変えようか迷っているんです。今のバイト先（　）、店長に「なるべく多くシフトに入ってほしい」って言われていて…。💬これ以上バイトを増やすと、勉強時間が取れないか（　）、困るんです。

💬 はアドリブでも OK！

話し合いましょう

活動 1

　将来どんな仕事をしたいですか。そのためにどのような準備が必要だと思いますか。ペアになって調査し、話し合いましょう。

❗ヒント

日本語能力 ／ 資格 ／ スキル ／ 学歴 ／ 経験 ／ 試験 ／ 免許　など

活動 2

　「こんな職場で働きたい」と思う職場はどんな職場ですか。なぜですか。グループで話し合いましょう。

例

家から近い
日本語がうまくなりそう
将来役に立ちそう

給料が高い
好みの制服がある

活動 3

　求人広告を見るとき、何をチェックしますか。まず自分の優先順位を考え、その後グループで優先順位について話し合いましょう。

チェック項目の例	私の優先順位	他の人の優先順位
募集職種	1.	1.
交通の便	2.	2.
給料	3.	3.
働く時間帯	話し合いで見られたさまざまな価値観	
職場の雰囲気		
休日		
仕事内容		
制服		
福利厚生		

活動 4

自分がやってみたいアルバイトを
考えましょう。どのように自己PR
すると採用されやすいと思いますか。
ペアになって相談しながら履歴書
に書く志望動機を考えましょう。

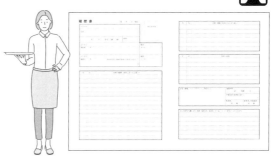

＊先生方へ：必要に応じて、就職情報誌やインターネットの求人などを紹介してください。授業内で履歴書を書かせる必要はありませんが、学習者から書き方や内容について質問を受けた場合はサポートをお願いいたします。

活動 5

コンビニエンスストアのアルバイトに応募することにしました。ペアになって
ロールプレイをしましょう。

〈ロールカードA〉

あなたは面接官です。応募者に自己紹介
を促してから、知りたいことを質問してください。

！ヒント

応募理由、ビザ、シフト、通勤時間など

〈ロールカードB〉

あなたは応募者です。面接をしてくれたお礼と自己
紹介を述べたあと、面接官の質問に答えてください。

活動 6

高校生がアルバイトをすることについて賛成ですか、反対ですか。日本人の知
り合い2名と、出身国の知り合い2名にインタビューをしましょう。意見に違いは見
られましたか。集まったインタビュー結果を持ち寄って、グループで話し合いましょう。

知り合いの出身国	賛成反対	理由
日本		
日本		

C9 雑談が苦手なんです
雑談　コミュニケーション

〈取り組む活動〉 1・2・3・4・5・6　⇒ 学習ノートで予習

Q 外出先で知っている人を見かけたら、声をかけますか。

聞きとろう　◎ CD 2-17	言ってみよう　◎ CD 2-18
（　）に何が入りますか。	「あなた」のパートを話してみよう。

田中	さっき、気（　）ずい思いをしちゃった。エレベーターのとこで、知ってる人を見かけた（　）ら、あいさつしたんだよね。でもそこまで親しくないから、その後、何を話せばいい（　）困っちゃって。
あなた	そういうときは、●⌇天気の話（　）すればいいんじゃないですか？
田中	そうだよね。でも、今日はエレベーターがなかなか来なくて（　）。天気の話だけじゃどうにも…。他に何かないかな、こういうとき（　）話題。
あなた	じゃあ、近く（　）できたお店の話とか。●⌇そういうこと（　）話すといいかもしれませんよ。
田中	あー、うんうん。駅前に新しくできたカフェ、も（　）行った、とかだよね。
あなた	そうですね。そこから ●⌇話（　）広がるんじゃないですか。

●⌇はアドリブでも OK！

話し合いましょう

活動 **1**

特にテーマを決めないで気楽に交わす雑談は、「話す人の心理的な距離を近づける」「その場の雰囲気を良くする」という意見がある一方、「親しくない人とは話したくない」「話すことが特にない」「なれなれしく話しかけられたくない」という意見もあります。あなたはどう思いますか。ペアになって自分の考えやエピソードを話し合いましょう。

活動 **2**

先生が急に職員室に資料を取りに行くことになりました。「先生が戻ってくるまで、クラスメートとおしゃべりしていていいよ」と言われています。ただし、日本語しか使ってはいけません。ペアになって日本語で雑談をしましょう。

＊先生方へ：日本語で雑談をする時間を決めて、学習者に伝えてください。その後、難しいなと感じたところなどを話し合うなど、フォローをお願いします。

活動 **3**

雑談やうわさ話、SNS上でのちょっとしたつぶやきが広まって、社会に影響を与えることがあります。読んだ記事や聞いた話の内容を他の人に伝えたいと感じるのは、どのようなときだと思いますか。ペアになって話し合いましょう。

AI（人工知能）やロボットは指示に的確に反応したり、質問に対して返事をしたりできますが、雑談に対応することは難しいと言われています。なぜだと思いますか。グループで話し合いましょう。

活動 **5**

　今から先生が皆さんに「お題」を与えます。そのお題について、グループで雑談をしましょう。話を聞くときはあいづちを打ち、誰かの話に関連させて自分の話を続けましょう。

＊先生方へ：時間を指定して、「最近食べておいしかったものの話」「コンビニの新商品」「週末に出かけたいところ」などの雑談ができる「お題」を与えてください。「順番に話す」のではなく、ランダムに会話に参加するよう促してください。

活動 **6**

　あなたの国では、初対面の人やあまり親しくない人と雑談をするときに、どのような話題を選びますか。また、どのような話題は避けたほうがいいですか。グループで話し合いましょう。

C10 書き出してみようか

比較検討　問題解決

〈取り組む活動〉 1・2・3・4・5・6 ⇒ 学習ノートで予習

Q 何か迷っていることはありますか。

聞きとろう 〔CD 2-19〕
（　）に何が入りますか。

言ってみよう 〔CD 2-20〕
「あなた」のパートを話してみよう。

田中	浮かない顔し（　）、どうしたの？
あなた	実は履修したい科目の時間割が重なってしまってい（　）…。どちらを取ろうか迷ってい（　）んです。 🗨️どっちを取ればいいでしょう。
田中	ああ、この２つか。去年も重なってたんだよね。私も迷ったん（　）けど、メリットとデメリットを書き出してみて、メリットが多いほうを取ったよ。
あなた	なるほど。書き出して考えるの（　） 🗨️たしかに良さそうですね。
田中	頭を整理して、客観的に比べると答えが出せるっていう（　）。私はそうしてるってだけだから、あんま参考にならないかも…。
あなた	いえいえ！　本当に助かります。🗨️私も書き出して考え（　）みます。

🗨️ はアドリブでも OK！

話し合いましょう

活動 1

　あなたは古いパソコンを1台持っています。新しいノートパソコンを買おうとお店へ行ったところ、「学生にはタブレットのほうが売れていますよ。今なら最新のタブレットが1割引きです」と店員に言われました。あなたはノートパソコンとタブレットのどちらを購入しますか。なぜですか。ペアになって話し合いましょう。

活動 2

　友達とパン屋を開くことになりました。パン屋が3軒ある駅付近と、パン屋が周辺にない郊外、どちらにお店を開きますか。なぜですか。ペアになって話し合い、開店する場所を決めましょう。疑問に思うところは質問をして、相手が言いたいことのポイントをしっかりつかみましょう。

活動 3

　労働人口の減少や雇用のミスマッチにより、深刻な人手不足が問題となっています。あなたがアルバイトをしている居酒屋でも、正社員もアルバイトも足りません。人手不足を解消するために、居酒屋はどのような取り組みをするといいと思いますか。グループで話し合いましょう。

活動 4

　日本で外国人観光客を増やすために、新しくどのようなことを始めるか話し合っています。どうすれば外国人観光客が増えると思いますか。グループで話し合い、意見をまとめてクラスで発表しましょう。意見を出すときは必ず理由を述べましょう。

活動 **5**

　違法にアップロードされた音楽や書籍をダウンロードする行為によって、被害を受けている人たちがいます。このような違法ダウンロード行為を防ぐには、どうすればいいと思いますか。グループで話し合いましょう。話し合うときはメモを取り、誰が何を言ったのか参考にしながら自分の意見を述べましょう。

活動 **6**

　日常生活に不可欠なものを手に入れることができずに困っている、買い物弱者と呼ばれる人たちがいます。なぜこのような問題が発生しているのだと思いますか。どのような解決策が考えられますか。グループで話し合い、クラスで発表しましょう。

課題「買い物弱者問題をどのように解決するか」

●買い物弱者とはどのような問題ですか。

- -

●どんな人が買い物弱者になりやすいと思いますか（地域、年齢、家族構成）。

- -

●なぜ「買い物弱者」が生まれるのだと思いますか。

- -

●あなたの国にも同じような問題はありますか。ないとすれば、その理由はなんだと思いますか。

- -

●どのように問題を解決すればいいと思いますか。

　▶なぜそのように考えましたか。

　▶その案を実行するとどうなりますか。プラス面とマイナス面を考えましょう。

　▶マイナス面にはどのように対処しますか。

C11 行事を楽しもう

季節　年中行事　風物詩

〈取り組む活動〉　1・2・3・4・5・俳句　⇒ 学習ノートで予習

Q どんなものを見ると、季節の移り変わりを感じますか。

聞きとろう ◎CD 2-21 （　）に何が入りますか。	言ってみよう ◎CD 2-22 「あなた」のパートを話してみよう。

あなた	デパートやショッピングモールっ（　）、いろんなディスプレイをしますね。あれを見る（　）、🔊新しい季節が来たなあと思います。
田中	うんうん。コンビニで見かけるデザート（　）も、季節を感じない？見かける（　）、ついつい買っちゃう。
あなた	あ、季節限定商品ですか？　私も見たら（　）ぐ、かごに入れちゃいます。🔊この時（　）けっていうのに弱いんです。
田中	なん（　）家の中に季節を感じるものを取り入れたら楽しそうじゃない？手軽なもの、ないかなあ。
あなた	季節のお花を飾るのはどうですか。🔊手軽だ（　）、選ぶときにワクワクして楽しそうだし。

🔊はアドリブでも OK！

活動 1

日本の季節と結びついた行事、風景、植物などにはどのようなものがありますか。ペアになって話し合い、クラスで発表しましょう。

❗ヒント
行事 ／ 食べ物 ／ 植物
／ 動物 ／ 飾るもの ／
天候 など

春	夏	秋	冬
・ひな祭り	・七夕	・すすき	・なべ
・鯉のぼり	・入道雲	・月見	・お年玉
・	・	・	・
・	・	・	・
・	・	・	・
・	・	・	・
・	・	・	・

活動 2

日本の季節に根付いた行事から1つ題材を選び、グループで詳しく調査して資料にまとめましょう。その後、クラスで発表しましょう。

正月	七草粥	節分
ひな祭り	端午の節句	お盆
七五三	冬至	大晦日

この行事には、どんな願いがこめられているのかな。

みんながわかる写真や資料をどうやって集めようか。

地域の誰かにインタビューすることができないかなあ。インタビューが入っている発表ってインパクトがあるよね。

活動 **3**

　　新聞の投書欄に「日本は季節ごとの学校行事が多すぎる。小学校で季節の行事をいちいち取り入れていたら、子ども達の勉強が遅れる」という意見がのっていました。あなたはこの意見に賛成ですか。反対ですか。なぜですか。グループで話し合いましょう。

＊先生方へ：小学校の学校行事の一覧を準備して、どのような行事を行っているか確認するのもよいでしょう。

活動 **4**

　　自分たちに関わりのある地域では、どの季節にどのような行事や祭りがありますか。背景にある風習、伝説といった伝承をグループで調べ、資料にまとめましょう。調べ方がわからないときは、他のグループに相談してみましょう。

活動 **5**

　　クラスで季節にかかわる行事を開くことになりました。どんな行事にしますか。どのように行いますか。グループで話し合い、企画を立てましょう。

コンセプト	
日時	
場所	
予算	
行うこと	
作業分担	
用意するもの	

俳句を作ろう！

　季節を感じさせる芸術の一つとして、日本には俳句という詩があります。ペアになって相談しながら、俳句を各自3つ作りましょう。

[俳句の作り方]

●身の回りの出来事や日常生活で感じたことを書く。

●五、七、五の 17 音で作る。

●季語（季節を感じさせる言葉）を句の中に入れる。

[題材の例]

●季節の行事での出来事

●季節の移り変わりを感じた出来事

●故郷の自然を思い出して感じたこと

●日本の気候に触れて感じたこと

俳句の例

季語

クリスマス ── 5

一人で飾る ── 7

僕の部屋 ── 5

クリスマスに一人でいることのさびしさを表現

＊先生方へ：拍（モーラ）の数え方についてご指導ください。また、必要に応じて、季語の考え方を説明したり、現代俳句を紹介したりしてください。国内外の俳句コンクールを調べ、募集要項や過去の作品に触れさせてもよいでしょう。できあがった作品から 1 つ選んで清書をさせ、教室内に貼り出したり、印刷して配布したりしてください。

資料ダウンロード

いい雰囲気の街ですね

建築物　街並み　風景

〈取り組む活動〉　1・2・3・4・作文　⇒ 学習ノートで予習

Q 美しい街並みと聞いて、どこが思い浮かびますか。

聞きとろう　◎CD 2-23 （　）に何が入りますか。	言ってみよう　◎CD 2-24 「あなた」のパートを話してみよう。

田中	ねえねえ、これ見て！　すてきでしょう？
あなた	あ、これは…イタリアですか？
田中	うん。映画の舞台（　）なった街なんだって。青い地中海に囲まれた色とりどり（　）建物！　きれいじゃない？
あなた	カラフルですね！　イタリアは観光スポット（　）多いですよね。●ミ 歴史的な建物とか、教会とか。
田中	そうそう。しっとり落ち着い（　）フィレンツェの街並みも好きだなあ。
あなた	たしか、イタリアの街並み（　）厳しい条例で守られているんですよね。●ミ 初めて知ったとき、驚きました！

●ミ はアドリブでもOK！

話し合いましょう

活動 1

街の雰囲気を壊さないように、建物の色や高さを国や自治体が制限したほうがいいと思いますか。なぜですか。ペアになって話し合いましょう。

活動 2

世界の建築物の中から、あなたが見てみたいものを2つ選んでください。それはどのような建築物ですか。ペアになって話し合いましょう。

うーん。そうだなあ。
まずはエジプトのピラミッドを見てみたいです。
ピラミッドみたいに大きなものを、どうやって作ったのかなって…、子どものころから興味があったんですよ。それから…

活動 3

アジア、ヨーロッパ、アフリカ、北アメリカ、南アメリカ、オセアニアのどこかの地域を担当し、建築物や景観を紹介する動画を作ります。地域ごとにグループに分かれて話し合い、景観や建築物などを紹介する3分以内の動画を作りましょう。

＊先生方へ：動画は自分たちが出演してホワイトボード等を使って録画する形、パワーポイント等のスライドを録画する形、手元にある資料等を撮影しながらナレーションを入れる形などが考えられます。状況に応じて選んでください。

活動 **4**

インターネットや書籍で建築物に触れるのと、実際
に建築物を見るのとでは何が違うと思いますか。それ
ぞれのメリット・デメリットについてグループで話し合
いましょう。

作文を書こう！

「私の好きな日本の風景」というタイトルで作文を書くことになりました。どのような
内容で書きますか。ペアになって話し合い、作文の組み立てを考えましょう。その後
で実際に作文を書いて提出しましょう。

どんな建物や風景が 見られるか	人々の暮らし	観光客の様子
音・匂い	歴史	そこへ行くと、どのような 気持ちになるか
食べ物・飲み物	行く前と行った後で気持ちに 変化があったか	その他（　　　　　　　）

よし、私はこの間旅行に行った木曽路の
宿場町をテーマにしよう。なぜここに魅力
を感じたのかを伝えるために、何を書けば
いいかな。

＊先生方へ：作文の字数を指定し、原稿用紙を配布してください。授業で組み立てを話し合い、作文を宿題としてもよいでしょう。

C13

体験して学ぼう！

体験型学習　体験

〈取り組む活動〉　1・2・3・4・5・6　⇒ 学習ノートで予習

Q 体験型学習に参加したことがありますか。

聞きとろう　◎CD 2-25	言ってみよう　◎CD 2-26
（　）に何が入りますか。	「あなた」のパートを話してみよう。

田中	うちの妹、もうすぐ自然学習（　）あるんだって。学年全体で森に行って、植物や動物の勉強をしたり、キャンプ（　）したり。聞いていて懐かしくなっちゃった。
あなた	わあ、何日もどこか（　）泊まるんですか？
田中	うん、専用の宿泊施設があってね。4泊5日って言っ（　）たよ。
あなた	けっこう長いですね！　たし（　）妹さん、小学生でしたよね。（　）れくらいの年齢だと　●<small>ぺ</small>ホームシックになっちゃう子もいるんじゃないですか。
田中	そういう子もいるかもね。でも、自然に囲まれて集団生活をする経験（　）貴重だから、乗り越えてほしいな。
あなた	友達と一緒に　●<small>ぺ</small>いい思い出をたくさん作れるといいですね！

●<small>ぺ</small> はアドリブでも OK！

体験型学習　体験　**C13**　157

話し合いましょう

活動 1

　本を読んで得た知識、体験して得た知識、それぞれをどのような場面で活用していますか。ペアになって話し合いましょう。

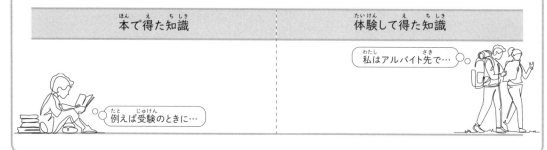

本で得た知識	体験して得た知識

（本で得た知識）例えば受験のときに…

（体験して得た知識）私はアルバイト先で…

活動 2

　博物館や科学館の学芸員と地域の子どもたちが直接交流する場が増えています。このような交流にはどのような効果があると思いますか。ペアになって話し合いましょう。

＊先生方へ：必要に応じて、地元の博物館や科学館と市民がかかわる催しについて紹介をしてください。

活動 3

　近年、作品に直接触ったり、絵の中の登場人物になりきったりして美術を楽しむワークショップが、数多く開催されています。解説文を参考にして作品を眺める鑑賞法と比べて、どのようなメリット、デメリットがあると思いますか。グループで話し合いましょう。

メリット	デメリット

活動 **4**

　　自然の中での体験や活動を通して学ぶ自然体験学習が、日本の公立小学校のカリキュラムに取り入れられています。あなたの通った小学校にも、自然を体験する活動や、集団で宿泊するといった学習がありましたか。このような活動は、子どもたちのどのような力を育むと思いますか。グループで話し合いましょう。

活動 **5**

　　一般の人たちが体験学習をしたり、見学したりできる工場や施設を調べてみましょう。何を見学できますか。見学するために必要な手続きはなんですか。グループで調査して資料をまとめ、クラスで発表しましょう。

国会議事堂
造幣局

パン工場
自動車工場

活動 **6**

　　全国の市町村で体験交流型のプログラムが行われています。このようなプログラムは地域を活性化させると思いますか。グループで話し合いましょう。その後、市町村の体験交流型プログラムを1つ選んでポスターを作り、クラスで発表しましょう。

例

地域づくり活動／農林漁業体験／就業体験　など

C14

困ったなあ
選択　ジレンマ　決断

〈取り組む活動〉　1・2・3・4・5・6　⇒ 学習ノートで予習

Q 何かを決めるために話し合ったことはありますか。

聞きとろう ◎ CD 2-27	言ってみよう ◎ CD 2-28
（　　）に何が入りますか。	「あなた」のパートを話してみよう。

田中	小学生のとき、まじめ（　）掃除をしないでさぼる子がいなかった？
あなた	ええと、私（　）学校は業者の人が掃除をしていたので…。
田中	え、そうなんだ！　日本の小学校は自分たち（　）掃除するんだよ。今、バイト先に掃除をちゃんとしてくれない先輩がいて（　）、小学生時代を思い出しちゃった。
あなた	掃除（　）ちゃんとしてくれないんですか。　●ミ 困っちゃいますね。
田中	その先輩、一緒に掃除をさぼろうって言ってくるから、（　）けいに困るんだよね。
あなた	そうなんですか。　●ミ それはちょっと大変ですね。

●ミ はアドリブでも OK！

160 | **C14** 選択　ジレンマ　決断

話し合いましょう

活動 1

あなたは会社からA国へ3年間の海外勤務を命じられました。家族はそれぞれに事情があり、あなたと一緒に赴任先に行くことはできません。しかし、A国で働くことはあなたの夢であり、大きなチャンスであることは間違いありません。あなたは単身赴任を引き受けますか。なぜですか。ペアになって話し合いましょう。

活動 2

もうすぐ日本に遊びに来る両親と、国際電話をしながらスケジュールを立てています。両親は「最初の夜はせっかくだから、和食を食べてみたい」「でも到着したばかりだし、慣れている自分の国の料理のほうがいいかもしれない」と迷っています。あなたはどちらがいいと思いますか。なぜですか。ペアになって話し合いましょう。

活動 3

あなたの友達は「翻訳の勉強をするか」、「通訳の勉強をするか」、「両方の勉強をするか」の3つの道のどれを選べばよいか迷っています。あなたはどの選択をおすすめしますか。なぜですか。それぞれのメリットとデメリットについて表に整理しながら、グループで話し合いましょう。

	メリット	デメリット
翻訳		
通訳		
両方		

あなたが経営する定食屋では、主力商品である天ぷら定食を1200円で販売しています。最近売り上げが落ちてきました。近所のチェーン店では、天ぷら定食を850円で売っています。あなたは値下げしますか。なぜですか。グループで話し合い、結論とその結論に至った理由をクラスで発表しましょう。

結論	値下げします／値下げしません
理由	

図書館の自習室の机の上にハンカチが置いてありました。1時間ほどたってもハンカチの持ち主が戻ってこないので、佐藤さんはその席で勉強を始めました。しばらくして「そこ、私が朝から取っておいた場所なんですけど」とハンカチの持ち主から声をかけられました。佐藤さんは席を譲るべきだと思いますか。グループで話し合い、その後グループとしての結論とその理由をクラスで発表しましょう。

私	結論	
	理由	
グループ	結論	
	理由	

活動 **6**

　日々の生活において、さまざまな視点や価値観の中で考え、判断をしていく必要に迫られることがあります。以下のエピソードのそれぞれの人物の考え方や行動について、あなたはどう考えますか。他の人の意見や価値観を大切にしながら、グループで話し合いましょう。

エピソード1

　Aさんの職場には、有給休暇を取って旅行へ行ったときは、同じ部署の人たちにお土産を配ってお礼を言う習慣があります。有給休暇は社員の権利であり、自分が休んでも部署の人に業務上支障はありません。お土産を買う手間もかかりますし、旅先でお土産を買えば荷物にもなります。先輩は「配ったほうが部署内の雰囲気がよくなる」と言ってお土産を配っています。Aさんはお土産を配られても、特にうれしいとは思いませんし、何かをしてもらったわけでもないのに、お土産を配ってお礼を言う必要はないと思います。「こんな習慣やめたらいいのに」とAさんは思っています。

エピソード2

　Bさんの住む街で水害がありました。夕方、役所の人が体育館に避難してきた人たちにパンを配ろうとしたところ、全員に配るには数が不足することがわかりました。子どもや老人を優先して配ろうという声が被災者からあがりました。一方で、全員が年齢を確認できるものを持って避難しているわけではないし、不平等になるくらいなら配らないほうが混乱が起きなくてよいという意見の人たちもいました。話し合いの結果、全員に配ることができる数が確保できるまで、パンは配らないことになりました。小さな子が「おなかすいたよ」と泣いています。Bさんは「平等の意味って何かな。せめて小さな子どもにだけでも先に配ったらいいのに」と思いました。

選択　ジレンマ　決断　**C14**　163

C15 こんな見方もあるよね

異なる意見　価値観の理解

〈取り組む活動〉　1・2・3・4・5・6　⇒　学習ノートで予習

Q　「親は自分の気持ちをわかってくれない」と感じたことがありますか。

聞きとろう　◎CD 2-29

（　）に何が入りますか。

言ってみよう　◎CD 2-30

「あなた」のパートを話してみよう。

あなた	うちの親、卒業後は地元に戻って公務員（　）なれってうるさいんです。私は大学院に行って研究者になりたい（　）思っているのに。
山田	そうなんだ。親御さん、戻ってきてほしいの（　）。
あなた	どうなんでしょう。私の国で公務員（　）安定しているし、人気があるんです。でも私は公務員にはなりたくありません。🗣 私の話（　）ちっとも聞いてくれないんです。
山田	なるほどね。そうだなあ、きっと親御さん（　）「子どもがちっとも話を聞いてくれない」って思ってるんじゃないかな。話し合いはできてるの？
あなた	それ（　）…、いつもけんかになっちゃうんです。自分の考えを否定される（　）、つい言い返してしまって…。🗣 もうちょっと落ち着い（　）話を聞かないといけないですね。
山田	親は子どもが心配で、あれこれ言っちゃうものなんです（　）。

🗣 はアドリブでもOK！

話し合いましょう

活動 1

食事や遊びに出かけるなど、同僚と仕事時間以外でもお付き合いをしたいと思いますか。プライベートと仕事は切り離したいですか。なぜですか。ペアになって話し合いましょう。

活動 2

人間関係に困っている友達にアドバイスをしようと思います。Aさん、Bさんにどのようなアドバイスをしますか。ペアになって話し合いましょう。

Aさん

最近Bさんと親しくなりました。Bさんは日本にまだ友達があまりいないと言っていたので、毎週末私の仲間が開くバーベキューやパーティーに呼びました。人脈が広がるし、将来就職するときに役に立つと思います。でも昨日いきなり「遊びたくない」と言われました。ぼくは良かれと思って誘ったのに…。

日本にきて最初に友達になったAさんは、いつも週末に遊ぶ約束を入れたがります。私は週末は家でゆっくり勉強がしたいタイプなんです。それとなく断っているのに、全然理解してくれず、昨日ははっきり「遊びたくない」と言いました。そうしたら、それ以降話しかけてもくれないんです。本当につらくて…。

Bさん

活動 3

親の世代と自分の世代を比べて、価値観が異なるものは何ですか。グループで話し合いましょう。

活動 4

あなたが今度から行くアルバイト先の始業時間は午前9時です。しかし、全員始業15分前に会社に到着し、自主的に掃除をしているそうです。あなたは何時に出社しますか。なぜですか。自分の考えと似ているところや、異なるところなどについてコメントをしあいながら、グループで意見を交換しましょう。

　下のグラフは、「豊かな暮らしに最も重要だと思うこと・もの」について調査した結果です。「健康」と回答する割合は年齢が上がるほど高くなり、「お金」と回答する割合は、20代後半をピークに低くなっています。なぜこのような結果が見られるのだと思いますか。グループで話し合いましょう。その後、クラスの中を自由に移動して、5人の友達に「豊かな暮らしに最も重要だと思うこと・もの」についてインタビューを行いましょう。

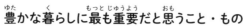
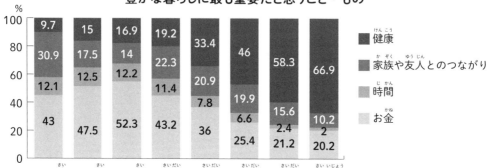

（備考）
1．図表は消費者庁「消費生活に関する意識調査（2016年）」をもとに作成。
2．「あなたの暮らしを豊かにするために重要だと思うものを順に3つ選んでください」との問いに対し、1番目に得られた回答。上位4項目を抜粋。

友達の名前	豊かな暮らしに最も重要だと思うこと・もの

　異なる習慣を持つ人たちが互いの文化を理解するために、日本ではどのような取り組みが行われていますか。また、あなたの国で行われている異文化交流の取り組みで、日本に取り入れられそうなものはありますか。グループで調査し、資料にまとめましょう。その後、クラスで発表しましょう。

●対話文の（　）の答え
●対話文の大意〈中国語・英語〉
●くだけた表現の説明

| くだけた表現の分類 | 対話文内のくだけた表現には主にこのようなものがあります。 |

●音の変化、縮約形

くだけた表現	書くときの表現	例
～ちゃう／じゃう	～てしまう	（失敗しちゃいました）⇒失敗してしまいました （お酒を飲んじゃった）⇒お酒を飲んでしまった
ちゃ	～ては	（お菓子を食べちゃいけません）⇒お菓子を食べてはいけません
～なきゃ	～なければ	（朝早く起きなきゃいけない）⇒朝早く起きなければいけない
～んだ	～のだ	（楽しいんだ）⇒楽しいのだ
じゃない	ではない	（コーヒーじゃない）⇒コーヒーではない
～って	～は／～というのは	（映画って面白いです）⇒映画は面白いです
～って	～と／～という	（あしたは晴れるって聞きました）⇒あしたは晴れると聞きました
～てる／～てて／～てた	～ている／～ていて／～ていた	（毎日走ってる）⇒毎日走っている （毎日走ってて）⇒毎日走っていて （毎日走ってた）⇒毎日走っていた
とっても やっぱり	とても やはり	（とってもおいしい）⇒とてもおいしい （やっぱり行くのをやめる）⇒やはり行くのをやめる
あんまり	あまり	（あんまり残っていません）⇒あまり残っていません
じゃあ	では	（じゃあ、明日までに終わらせます）⇒では、明日までに終わらせます

●語順の入れ替え(倒置法)

| （B、A）⇒A、B | （出席できません、忙しいので）⇒忙しいので、出席できません |

●省略

| は／も／が／を／に　などの省略 | （私、そろそろ疲れてきました）⇒私は、そろそろ疲れてきました
（美術館行った）⇒美術館に行った |

●あいまいな表現、婉曲的にやわらかく言う表現

| ～て／～し／～が／～けど／～のに
(言いさし文：文の最後まで言わない表現) | （財布が見当たらなくて…）⇒財布が見当たらなくて、困っています
（もう閉店ですし…）⇒もう閉店ですし、そろそろ帰りますか
（迷ったのですが…）⇒迷ったのですが、道を教えてくれますか |
| ～たりします(婉曲的にやわらかく言う表現) | （一人で買い物に行ったりします）⇒一人で買い物に行きます |

●聞き手の注意を引く表現

| ね／さ／な　など | （私はね）⇒私は （行ってさ）⇒行って （でもな）⇒でも |

●考えているときや、何かを言おうとしているときなどに発する言葉（フィラー）

| ええと／あの　など | （ええと、あれは何ですか）⇒あれは何ですか |

■ 対話文の（ ）の答え／対話文の大意〈中国語・英語〉／くだけた表現の説明 ■

A1　これも食べたいな

山田：　　料理の本を読んでるの？　どれ（も）とってもおいしそう。自分でごはんを作ったりしますか？

あなた：　ときどき作ります。でも、ほとん（ど）外食です。

山田：　　あ、そう。お店のメニューを見て、どんな食べ物かわかりますか？

あなた：　日本のメニューは写真がのっている（か）らわかりやすいです。お店の外にあるプラスチックの料理も好きです。
　　　　　●ミ 本物そっくりで、よくできているなと思います。

山田：　　プラスチックの料理…。うーん、なんの（こ）とだろうなあ。ああ、食品サンプルのことかな？

あなた：　あっ、それです！　「食品サンプル」。それを見る（と）、●ミ いつもおなかがすくんですよ。

山田：你在看菜谱吗？里面的菜都看起来十分美味呢。你会自己做饭吗？	Yamada	Are you reading a cookbook? They all look delicious. Do you cook?
你：　我时不时会自己做饭。但基本都是在餐馆吃。	You	Sometimes I do. But I mostly eat out.
山田：是这样啊。只看餐馆的菜单，能明白菜名所对应的食物吗？	Yamada	I see. When you read the menu in a restaurant, can you tell what dishes they are?
你：　在日本，因为菜单上都配有照片，所以一下就明白了。我也喜欢放在餐馆外的塑料食物。因为那些塑料食物都做得惟妙惟肖，简直和真的一样。	You	Yes. It's easy to tell because there are pictures on the menu in Japan. I also like the plastic foods displayed outside the restaurant. They are well-made and look just like the real dishes.
山田：塑料食物…?那是什么啊。啊,你说的是食物样品吧?	Yamada	Plastic foods...? What are they? Oh, you mean food samples?
你：　是的！就是食物样品。我光看那些食物样品，肚子就饿了。	You	Oh, that's it! Food samples. I always get hungry when I see them.

［くだけた表現の説明］

とっても→とても　ごはんを作ったりしますか：「ごはんを作ったりしますか」は「ごはんを作りますか」を婉曲的にやわらかく言ったもの。

A2　私の家族は、こんな人たちです！

鈴木：　　今度の連休は、実家（に）帰るの？

あなた：　うーん、帰る（と）思います。●ミ 家族が帰って来いって言っていますから。

鈴木：　　うん、帰ってあげたら、みんな喜ぶと思うよ。

あなた：　でも、うちの実家、弟や妹がいて、ワーワーうるさいん（で）すよ。それに、毎日親戚が押しかけてくるので、
　　　　　●ミ 家（で）はなかなか勉強できません。

鈴木：　　うんうん。やっぱり久しぶりに実家に帰るとそうなっちゃう（よ）ね。でもさ、連休くらいは勉強からちょっと離れ（て）、家族と過ごすのもいいかもしれないよ。

鈴木：这次放长假，你会回老家吗？	Suzuki	Are you going back to your parents' house for this long weekend?
你：　嗯…应该会回吧。因为家人说了让我回去。	You	Well, I think so. Because my family says they want me to come back home.
鈴木：这样啊。回去的话，家人也会很高兴的。	Suzuki	I'm sure everyone will be happy if you come home.
你：　因为弟弟妹妹也都住在老家，每天都特别吵。再加上不请自来的亲戚们，我在老家几乎没法学习。	You	I have a little brother and a sister. They are so annoying. Also, my relatives are coming over every day, so it's hard for me to study at home.
鈴木：难得回一次老家就会是这样的呢。不过既然都放长假了，暂时放下学习之事，和家人们一起度过也许也是个不错的选择呢。	Suzuki	Yes, that's what happens if you visit your family once in a while. But it might be nice to take a break from your studies and spend some time with your family during the holidays.

［くだけた表現の説明］

帰って来いって→帰って来いと　うちの実家：このあとに、複合助詞「には」などが省略されている。　**やっぱり→やはり　そうなっちゃうよね→そうなってしまいますよね　でもさ**：でも＋助詞の「さ」。

168

A3　どうやって行けばいいですか

あなた：　あの…。何かお困りです(か)？

旅行者：　あ、すみません。ガーデンホテルへ行きたい(の)ですが…。

あなた：　それならバス停(の)ところまでまっすぐ行ってください。その交差点(を)右に曲がるとガーデンホテルですよ。

旅行者：　ありがとうございます。郵便局(に)も行きたいんですが、近くにありますか。

あなた：　郵便局ですか？　🔊ちょっとスマホで見てみますね。ホテルのすぐ向かいにある(み)たいですよ。あ、ほら、ここです。

旅行者：　あ！　本当ですね。あの…、バス停からは、どこ行きのバスが出(て)いますか。

あなた：　🔊ごめんなさい、バスのことはあまり詳しくなくて…。

旅行者：　(い)えいえ、助かりました！　どうもありがとうございました。

你：	你好，请问有什么我可以帮助您的吗？	You	Hi! Do you need help?
游客：	啊，不好意思。我想知道怎么去花园宾馆…	Tourist	Thank you, actually I'm trying to find the Garden Hotel.
你：	那请笔直走到公交站，在那儿的路口右转便是花园宾馆了。	You	OK. Go straight to the bus stop. Turn right at the intersection and you'll see the Garden Hotel.
游客：	谢谢。我还想去邮局，请问这附近有邮局吗？	Tourist	Thank you. I'm also looking for a post office. Is there one nearby?
你：	邮局吗？让我用手机查询一下。在宾馆的对面就有。看，就在那。	You	A post office? Let me check on my phone. It looks like there is one right across the street from the hotel. Look. Here it is.
游客：	啊，是的呢！那个公交站能坐到去哪的公交呢？	Tourist	Oh, Okay. Well, would you happen to know where the bus goes?
你：	不好意思，我对公交车并不是太了解。	You	I'm sorry. I don't know much about the bus.
游客：	没事，你帮了我大忙！太感谢了。	Tourist	It's all right. You helped me a lot. Thank you so much.

[くだけた表現の説明]
行きたいのですが…：言いさし文。　**スマホ**：スマートホン（スマートフォン）の略語。　**詳しくなくて…**：言いさし文。

A4　財布を持ち歩きません

山田：　　いつもケータイを使って支払いしてい(る)んですか？

あなた：　はい、だいたいスマホ決済で(す)。スマホでピッと払っ(て)います。🔊最近、あまり財布(を)持たなくなりました。山田さんは？

山田：　　私がふだん行く店は現金しか使えない店(が)多いから、いつも現金で買い物するかな。でも旅先で(は)お金を持ち歩きたくないから、クレジットカードを使うことが多いですよ。

あなた：　そうですか。私はクレジットカード(を)まだ持っていないんです。🔊スマホ決済も便利です(よ)。

山田：　　でも、ケータイの電池がなくなった(ら)どうするの？

あなた　　ええと、いちおう、いざというときのため(に)少額の現金も持っています。

山田：	你一直是用手机进行付款的吗？	Yamada	Do you usually pay with your phone?
你：	是的，几乎一直使用移动支付。用手机嘀一下就可以付款。我最近开始不随身携带钱包了。山田女士你呢？	You	Yes, I usually use mobile payment. I tap my phone to pay. I don't carry my wallet very often these days. How about you, Ms. Yamada?
山田：	因为我常去的那些店里有不少只收现金，所以我一直用现金来购物。但在出远门的时候，因为不想随身带现金，所以经常使用信用卡。	Yamada	Most of the stores I shop at only accept cash, so I always pay with cash. But when I travel, I often use my credit card because I don't want to carry cash.
你：	这样啊。我还没有信用卡。手机支付也很方便哦。	You	Oh, I don't have a credit card yet. Mobile payment is convenient, too.
山田：	手机没电了的话怎么办呢？	Yamada	What are you going to do if the battery of your phone runs out?
你：	以防万一，我还是会带少量现金在身上的。	You	Well, I always bring some cash with me, just in case.

[くだけた表現の説明]
ケータイ：携帯電話の略語。　**スマホ**：スマートホン（スマートフォン）の略語。　**ピッ**：スマートフォンで支払うときの音を表す擬音語。

A5 週末は何して過ごす？

山田：　あれ？　なんだか日に焼け（た）…？

あなた：　ああ、そう（か）もしれません。週末に、ずっとガーデニング（を）していたので。最近 ●ミ ガーデニング（に）はまっているんです。

山田：　へえ、ガーデニングですか。いいですね。何（を）育ててるんですか？

あなた：　ええと、今は ●ミ トマトを育てています。

山田：　そう。私も昔、なすやピーマンなんか（を）庭で育ててたんですよ。

あなた：　ときどき土をさわる（の）は楽しいですよね。ガーデニングをしている（と）●ミ 時間を忘れます。

山田：　そうだよね。週末にそういう趣味があるのっ（て）、すごくいいよね。私もまた、何か育てようかな。

山田：	欸？你好像晒黑了？	Yamada	Huh? You've got a tan.
你：	啊，也许是的呢。因为我周末一直在做园艺。我最近沉醉于园艺。	You	Well, probably because I did some gardening over the weekend. I've been into gardening lately.
山田：	原来是因为园艺啊。真不错呢。你种了些什么呢？	Yamada	Uh-huh. Gardening. That's great. What are you growing?
你：	嗯…我最近在种番茄。	You	I'm currently growing tomatoes.
山田：	番茄啊。我以前在自家院子里种过青椒和茄子。	Yamada	Sounds nice! I used to grow eggplants and bell peppers in my garden.
你：	时不时玩玩土也是一种乐趣呢。我一做园艺，就会陶醉得忘记了时间。	You	It's so fun touching dirt.Time flies right by whenever I am gardening.
山田：	是的吧。有一个能在周末进行的爱好着实是非常好呢。我是不是也该再去种些什么呢。	Yamada	That's true. It's so nice to have such a hobby on weekends. I think I'll start gardening again.

［くだけた表現の説明］

はまっている：「熱中している」という意味。　　**育ててるんですか**→育てているのですか　　**育ててたんですよ**→育てていたのですよ
趣味があるのって→趣味があるというのは

A6 旅行に行こうかな

田中：　今度の三連休、どこ（か）旅行に行こうかな。

あなた：　いいですね！　で（も）、観光地は ●ミ 混んでいるかもしれませんよ。

田中：　うーん。近場（が）いいんだけど、連休はやっぱり（ど）こも人でいっぱいかなあ。バスなんかもぎゅうぎゅうづめ（か）もしれないね。

あなた：　近場って、●ミ どういうところですか？

田中：　ええとね。ここからあまり離れていなく（て）、ぱっと気軽に行けるところ。

あなた：　なるほど！　●ミ 近い（な）ら、移動が大変じゃなくていいですね。

田中：　何かおいしいものを食べたい（な）あ。温泉（が）あったら最高なんだけど。

田中：	这次的三天假期，我们也去哪旅行吧。	Tanaka	I'm thinking of going on a trip somewhere during this long weekend.
你：	好主意！但旅游景点会特别拥挤吧。	You	That's nice! But maybe the tourist spots will be crowded.
田中：	是的呢。去附近的地方还好，但只要是放假，哪里都会特别拥挤吧。公交车也会挤得像沙丁鱼罐头一般吧。	Tanaka	Hmm.... I want to go to "Chikaba", but everywhere can be crowded during the holidays. Buses might be packed like sardines, too.
你：	chikaba？是什么样的地方呢？	You	What kind of place is chikaba?
田中：	嗯…就是离这不远，无需什么准备便能轻松去的地方。	Tanaka	Well, it's a place that is not so far from here and you can go quickly and easily.
你：	原来是这个意思啊！去附近的地方的话，来回路上便不会太辛苦，真不错呢。	You	I see! If it's not so far, it's not hard to get to.
田中：	真想吃些美食啊。要是能再泡上温泉，那就再好不过了。	Tanaka	I want to eat something delicious there. It would be great if there is a hot spring, too.

［くだけた表現の説明］

やっぱり→やはり　　**近場って**→近場というのは　　**ええとね：**ええと＋助詞の「ね」。　　**温泉があったら最高なんだけど：**言いさし文。

きっかけになるといいな

あなた： 山田さん、こんにちは！　素敵(な)着物ですね。

山田： こんにちは。今日の国際交流会、いっぱい楽しんでいってね。あちらで生け花や茶道の体験イベントも(や)ってるから、よかったら行ってみて。

あなた： はい、行ってみます！　今日は着物の方が多いですね。◉ᵉ着物を着る(の)は大変ですか。

山田： 着る順番(さ)え覚えてしまえば、そこまで時間をかけずに着られるものなんですよ。これをきっかけ(に)、海外から来た皆さんが着物に興味を持ってくれたら、うれしいなあ。

あなた： きっとみんな、興味がある(と)思いますよ。着物って本当(に)きれいだなあ。

你：	山田女士你好！这和服真漂亮呀。	You	Hello, Ms. Yamada! You are wearing a nice kimono.
山田：	你好。请尽情参加今天的国际交流会吧。那里还有插花和茶道的体验活动，有兴趣的话去看看吧。	Yamada	Hello. I hope you enjoy today's international exchange event. You can experience ikebana and sado over there, why don't you check it out if you'd like?
你：	好，我去看看！今天穿和服的人很多呢。穿和服是不是很复杂呀？	You	Yes, I will! There are many people wearing kimonos today. Is it hard to put on a kimono?
山田：	只要记住穿每件衣服的顺序的话，穿和服并不会花费太多时间。如果今天所穿的和服能让参加本次交流会的外国友人对和服提起兴趣的话，那我真是太高兴了。	Yamada	Once you learn the order of dressing, it doesn't take much time. I'd be happy if people from overseas become interested in kimonos through this event.
你：	大家一定都会对和服感兴趣的。话说和服真的是很漂亮呢。	You	I'm sure everyone will be interested. Kimonos are really beautiful.

[くだけた表現の説明]
楽しんでいってね→楽しんでいってくださいね　やってる→やっている　行ってみて→行ってみてください　みんな：このあとに助詞の「も」などが省略されている。　着物って→着物というものは

これは何をしているところですか？

田中： 週末に実家へ帰ったと(き)に、こんなものを見つけたよ。なつかしくて、(つ)い、持ってきちゃった。一生懸命走ってるでしょう？

あなた： ◉ᵉこっち(は)田中さんですか？　前を走っている子(を)追いぬきそうですね。

田中： うん。この後、追い(ぬ)いて一等賞をもらったんだよ。すごくうれしかったから、いまだ(に)よく覚えてる。

あなた： ああ、(こ)のメダルはその時の！　◉ᵉずっと大切にとって(あ)ったんですね。

田中： そう、先生(の)手作りメダル。かわいいでしょう。

あなた： ん？　この写真…◉ᵉ手に持っている(も)のは何ですか？

田中： どれどれ。あ、これはバトンだ(よ)。落(と)す子がたくさんいたなあ。

田中：	上周末回老家的时候找到了这个。太令人怀念啦，就带过来了。你看照片里的我在拼尽全力奔跑吧。	Tanaka	When I went to my parents' home last weekend, I found this. I brought it with me because it brought back memories. You can see I'm running at full speed, can't you?
你：	这是田中小姐你吗？看起来好像快要追上跑在前面的那个孩子了呢。	You	Is this you? You are almost catching up with the boy running in front of you.
田中：	是的呢。在这之后我就追上了他并赢得了一等奖哦。我当时太高兴了，那个高兴劲儿直到现在我都记得。	Tanaka	Yes, I am. After this, I caught up with him and took first place. I was so happy that I still remember it well.
你：	啊，那块奖牌就是这个时候得到的吗？一直珍藏至今呢。	You	Oh, this medal is from that time! You must have treasured it.
田中：	是的，那是老师亲手制作的奖牌。很可爱吧。	Tanaka	Yes. It is a medal handmade by my teacher. Isn't it cute?
你：	嗯？这照片里的…你手里拿的是什么啊？	You	Oh, what is that in your hand?
田中：	哪个？这个啊，这是接力棒。当时好多孩子的接力棒都掉地上了呢。	Tanaka	Let me take a look. Ah, it's a baton. There were a lot of kids who dropped it.

[くだけた表現の説明]
持ってきちゃった→持ってきてしまった　走ってる→走っている　覚えてる→覚えている　その時の！：「その時の」のあとに「ものなのですね」などの文が省略されている。

A9 ピアニストになりたかったな

田中：　　子どものころはピアニストになり（た）かったなあ。

あなた：　●ᵐ 小学生くらい（の）ときですか？

田中：　　そう。ピアニスト（へ）のあこがれだけで、ピアノを習い始めたなあ。ピアノコンサートに行ったの（が）、きっかけだった気がする。

あなた：　ピアノはいつ（ま）で続けたんですか。

田中：　　高校（ま）では続けたけど…。大学受験前にやめちゃった（ん）だ。

あなた：　ああ、勉強が忙し（く）て…。●ᵐ それは残念でしたね。

田中：　　でも実家（に）はまだピアノがあるから、帰るとよく弾いたりしてるんだ。やっぱりピアノ、好きなんだよね。

田中：	我小时候可想成为钢琴家了呢。	Tanaka	I wanted to be a pianist when I was a child.
你：	大概是上小学的时候吗？	You	Was that when you were in elementary school?
田中：	是的。我就是因为想成为钢琴家才开始学习钢琴。大概是受所观摩的一场钢琴演奏会的影响吧。	Tanaka	That's right. I started taking piano lessons just because I admired pianists. It all started when I went to a piano concert.
你：	你钢琴一直学到了什么时候呢？	You	How long did you learn the piano?
田中：	高中之前都在学…但在考大学前放弃了。	Tanaka	I continued until high school. I gave up before I took the university entrance exams.
你：	啊，是因为学业繁重吗…真是太可惜了呢。	You	Oh, you were busy studying. That's too bad.
田中：	钢琴还在老家放着，我回老家的时候还会弹一弹的。我果然还是喜欢弹钢琴的啊。	Tanaka	But I still have my piano at my parents' house, so I often play it when I go there. I still love playing the piano.

［くだけた表現の説明］
やめちゃったんだ→やめてしまったのです　勉強が忙しくて…：言いさし文。　弾いたりしてるんだ→弾いたりしているのです
やっぱりピアノ：やっぱり→やはり　「やっぱりピアノ」のあとに助詞の「が」が省略されている。

A10 ちょっと運動しようかな

田中：　　オリンピックの陸上、日本代表選手が決まったっ（て）！

あなた：　つい（に）決まりましたか！

田中：　　オリンピック選手っ（て）かっこいいよね。あこがれちゃうなあ。

あなた：　そうですね。●ᵐ 毎日厳しいトレーニングをつん（で）いるんでしょうね。

田中：　　技術だけじゃなく（て）、メンタル面のトレーニングもありそうだよね。

あなた：　アスリートは、プレッシャーをはね返す力（が）すごそうですね。

田中：　　私は週末のんびり運動するくらい（が）いいや。

あなた：　私も楽しく体を動かすくらい（が）いいかな。それにしても最近運動不足だから、●ᵐ 週末はジムに（で）も行ってこようと思います。

田中：	日本的奥运会参赛选手定下来了！	Tanaka	I heard they have selected athletes for Japan's Olympic track and field team!
你：	终于定下来了啊！	You	They have finally decided!
田中：	奥运选手真是帅气呢。好令人向往啊。	Tanaka	Olympic athletes are so cool, aren't they? I admire them a lot.
你：	是的呢。他们应该每天都在刻苦训练吧。	You	Yes, they are cool. They must train hard every day.
田中：	不仅仅是技术方面，心理方面也一定经受许多训练了吧。	Tanaka	I think they must train not only physically but also mentally.
你：	运动员们的化压力为动力的本事真是厉害呢。	You	Athletes seem to be strong under pressure.
田中：	对我来说，能悠闲地在周末运动就足够了。	Tanaka	Just a little exercise on the weekend is good enough for me.
你：	我觉得能快乐地运动便是最好的了。话说回来我最近有点缺乏运动，打算周末去健身房试试。	You	Me too. I like to exercise for fun. Come to think of it, I haven't been exercising much lately, so maybe I should go to the gym this weekend.

［くだけた表現の説明］
決まったって：決まったって→決まったと聞きました　ここでの「って」は誰かから聞いたこと、何かで知ったことを伝える表現。
選手って→選手は

あなた：　最近、夜遅く(ま)でレポートを書いているから、朝起きられなくて…。

山田：　　ああ、もうすぐ締め切り(の)レポートがあるって言ってましたね。

あなた：　そのレポート(が)なかなか終わらないんです。●ミ 全然集中できていない気(が)します。

山田：　　夜、勉強するの(は)大変ですよね。家に帰るころ(に)は、もう疲れているんじゃないですか。

あなた：　やっぱり早寝早起き(を)して、朝に勉強をしたほうがいいんでしょうか。

山田：　　うん、そうしたほうがいい(と)思うよ。

あなた：　●ミじゃあ、ちょっとがんばってみます。

你：	因为最近写小论文写到半夜，所以早上总是起不来，真是让人烦恼啊。	You	I've been writing a report until late at night lately, so I can't get up early.
山田：	哎，还记得你说过有个小论文快要截止了呢。	Yamada	Oh, I remember you said you had a report to write and its deadline was approaching.
你：	那个小论文根本写不完。我也觉得我根本无法集中精力去写。	You	I can't finish the report. I feel like I can't concentrate at all.
山田：	在晚上学习很辛苦吧。晚上回家后就已经很累了不是吗？	Yamada	It's hard to study at night, isn't it? Aren't you already tired by the time you get home?
你：	果然还是早睡早起，在早上学习比较好呢。	You	Should I go to bed and get up earlier to study in the morning?
山田：	嗯，我也觉得那样做比较好。	Yamada	Yes, I think you should.
你：	那，我努努试试看。	You	I'll give it a try.

［くだけた表現の説明］
朝起きられなくて…：言いさし文。　**あるって→あると　言ってました→**言っていました　**やっぱり→**やはり　**じゃあ→**では

田中：　　この間、実家に帰ったんだけどね、妹の宿題が山のよう(に)たまってたの。絵日記なんて(ま)っ白だったよ。

あなた：　そうだったんですか。妹さん、●ミ 夏休みだ(か)ら遊んじゃったんですね。

田中：　　私が小学生のとき(は)、午前中に宿題やらないと遊びに行っちゃダメだったけどな。うちの親、妹に(は)甘いんだよね。

あなた：　小学校の夏休みはどう過ごしたか(な)。●ミ 私もたしか午前中、勉強とピアノの練習をしない(と)いけなかった気がします。

田中：　　やっぱりやるべきこと(を)やってからだよね。遊びに行くの(は)。

あなた：　まあ、そういう習慣はだんだんと身につい(て)いきますよ。

田中：	我最近回了趟老家，发现妹妹没写的作业堆得像座小山一样高。绘画日记也全空着。	Tanaka	I went back to my parents' house the other day, and I saw my sister's homework piled up like a mountain. Her picture diary was all blank.
你：	这样啊。你妹妹是不是因为放暑假所以光顾着玩了呢。	You	Really? Your sister must have been playing because she was on summer break.
田中：	我小学的时候，一直被教育说不在上午写完作业便不能出去玩。我父母对妹妹真是溺爱呢。	Tanaka	When I was in elementary school, we were not allowed to go out unless we finished our homework in the morning. I think my parents are spoiling my sister.
你：	说起小学时候的暑假，我印象中，上午好像都是在功课和钢琴练习中度过的。	You	How did I spend my summer breaks in my elementary school days? I think I had to study and practice the piano in the morning.
田中：	果然应该是在做完该做的事后才能去玩吧。	Tanaka	She shouldn't go out until she finishes what she has to do.
你：	不过这种习惯也会慢慢养成的吧。	You	Well, she will develop such a habit gradually.

［くだけた表現の説明］
帰ったんだけどね→帰ったのですが　**たまってた→**たまっていた　**遊んじゃったんですね→**遊んでしまったのですね　**行っちゃダメだった→**行ってはいけなかった　**うちの親：**このあとに、助詞の「は」などが省略されている。　**やっぱりやるべきことをやってからだよね。遊びに行くのは。：**倒置法。

A13 どんな部屋に住みたいですか？

あなた：　大きい部屋（に）引っ越したいな。ずっと雨が降り続いているから、部屋の中が洗濯物だ（ら）けなんですよ。

山田：　　洗濯物（を）部屋の中に干してるんですか？

あなた：　ええ、外には干せないし、乾燥機もないので…。ワンルームだから、玄関を開ける（と）洗濯物が見えちゃうんです。この間も●♒洗濯物を干し（て）いる最中に、宅配の人が来て困りました。

山田：　　そうか。それは困るよね。部屋の入り口に戸でもあるといいのにね。何かいい方法はないかな。

あなた：　せめて玄関と部屋（の）間に、目隠しをしようかな。●♒通販サイトで、何か探してみます。

山田：　　そういえば、たしか、うち（に）使っていないのれんがあったわ。今度持ってきましょうかね。新品だから、よけれ（ば）使って。

你：	真想搬去大一些的房子呢。因为一直下雨，屋子里都晾满了衣服。	You	I want to move to a larger place. It's been raining for days, so hang dry clothes are everywhere in my room.
山田：	欸？你衣服都是晾在屋子里的吗？	Yamada	Oh, you hang your laundry in your room?
你：	既没法晾在外面，也没有烘干机，所以…。又因为我家是开放式一居室，一开房门便能看到晾着的衣服。之前我正晾衣服的时候快递员来敲门，真是令人困扰呢。	You	Yes. I can't hang clothes out, and I don't have a dryer…. I live in a studio apartment, so when I open the door, you can see all the laundry. The other day, while I was hanging my clothes, a delivery man came by, which made me embarrassed.
山田：	这确实是挺苦恼的。房间入口要是有扇门什么的就好了。有没有好的法子呢。	Yamada	Oh, that's a problem! It would be nice if there was a door at the entrance to the room. Are there any good ideas?
你：	我要不在房门和屋子间用帘子遮一遮吧。我在购物网站上搜搜看吧。	You	Maybe I should put a partition between the room and the entrance. I'll look for something good on the Internet.
山田：	话说我家有个闲置的布帘，要不我下次给你带来。还是全新的，不介意的话用用看？	Yamada	I think I have a fabric divider that I haven't used. I'll bring it next time. It is new, so you can use it if you'd like.

[くだけた表現の説明]

干してるんですか→干しているのですか　　**乾燥機もないので…**：言いさし文。　　**見えちゃうんです**→見えてしまうのです　　**使って**→使ってください

A14 この靴が欲しいんです

客：　　　あの、すみません。

あなた：　いらっしゃいませ。●♒何（か）お探しですか？

客：　　　先週末にセールになっ（て）いたサンダルなんですけど…。もしかして、売り切れちゃいましたか。

あなた：　どのようなサンダルでしたか。●♒セール品はもう在庫がないもの（も）多いんですが…。

客：　　　茶色で、正面（に）ロゴが入ったサンダルなんだけど。売れちゃったかなあ。

あなた：　茶色のサンダルですね。あちらは大変人気でし（て）…。●♒念のため在庫がない（か）確認してまいります。

客人：	你好	Customer	Excuse me.
你：	欢迎光临。请问您想买什么呢？	You	How can I help you? Are you looking for something?
客人：	我在找上周末特价卖的拖鞋…不会卖完了吧。	Customer	I'm looking for a pair of sandals that went on sale last week. Maybe they are sold out?
你：	什么样的拖鞋呢？打折的商品有很多都没货了。	You	What did the sandals look like? Many of the sale items are already out of stock.
客人：	棕色且正面有个商标。真卖完了啊…	Customer	They were brown sandals with a logo on the front. Perhaps they are sold out.
你：	那个棕色的拖鞋啊。那个拖鞋的人气特别旺…不过保险起见我还是帮您查查还有没有库存吧。	You	Oh, those brown sandals. They are very popular…. I'll go check to see if they are still in stock, just to be sure.

[くだけた表現の説明]

売り切れちゃいましたか→売り切れてしまいましたか　　**多いんですが…**：言いさし文。　　**売れちゃったかなあ**→売れてしまったかなあ　　**大変人気でして**：言いさし文。

それもいいですね

田中： 今度みんな（で）ボランティアに行くところ、わりと遠いよね。私、迷子になっちゃうかも。学校で集まってから行くことにしない？

あなた： うーん、どうでしょうね…。●ﾐ 学校に一度集まるより、直接行くほう（が）便利な人もいるかもしれませんよ。

田中： あっ、そっか。うーん、現地集合のほう（が）いいって人、多いのかなあ。でも私は方向音痴（だ）から、みんなといっしょに行くほうがいいんだけどなあ。みんなで行くほうが楽しくない？

あなた： じゃあ、みんな（に）聞いてみましょうか。「現地集合か、いったん学校（に）集まるか、どっちがいいですか」って。●ﾐ それで大丈夫ですか？

田中： うんうん、それがいいかも。

田中：	下次大家要一起做志愿者的地方，意外的很远呢。我说不定会迷路呢。要不大家先在学校碰头之后再一起去？	Tanaka	The place we are going to do volunteer work next time is pretty far away, isn't it? I might get lost. Why don't we meet up at the school and go together?
你：	嗯…怎么办才好呢…但对有些人来说，比起先来学校碰头，直接去活动现场更方便吧。	You	Hmm, I'm not sure.... Some people may find it more convenient to go there directly than to meet at the school.
田中：	啊，这样啊。想直接在活动现场集合的人会不会很多呢。但我是个路痴，更想和大家一起去。大家一起去不是更有趣吗？	Tanaka	Oh, I see. But how many people would prefer to meet at the destination? I'm bad with directions, so I prefer to go with everyone. Wouldn't it be more fun to go together?
你：	要不问问大家的意见吧。是在活动现场集合比较好呢？还是先在学校碰头比较好呢？这样问可以吗？	You	How about asking them? Like "Which do you think is better, meet at the destination or at the school?" Is that OK?
田中：	嗯嗯，这样挺好的。	Tanaka	Sounds nice!

［くだけた 表現の説明］

私 、迷子：「私」のあとに助詞の「は」などが省略されている。　なっちゃうかも→なってしまうかもしれません　そっか→そうか　いいって人：いいって→いいという　「人」のあとに「は」などの助詞が省略されている。　いいんだけどなあ：言いさし文。　どっちがいいですか」って：このあとに、「聞いてみましょうか」などの文が省略されている。　いいかも→いいかもしれません

B1 健康的な暮らしがいいですよ

田中： 弟がボクシング（を）始めて、体づくりのために栄養バランスを考えて食べるようになったんだよ。今まではジャンクフードもわり（と）食べていたのに。

あなた： 私の母も毎週電話をかけてき（て）は、健康的な食生活を送っているかと聞いてきますよ。せっかく日本にいるん（だ）から、健康的な和食を作りなさいって。●ﾐ だけど和食（を）作るのは難しくて…。

田中： 和食は確か（に）栄養バランスがいいけど、自分で作るとなると難しいよね。

あなた： そうなんですよ。どうしても●ﾐ コンビニ弁当ですませ（て）しまって。

田中： コンビニでも、選ぶものによって（は）栄養バランスがとれるみたいだよ。ゆで卵と（か）果物も売ってるしね。

あなた： ●ﾐ ちょっ（と）食生活を見直そうかな。

田中：	我弟弟自从练习拳击后，为了健康在吃的方面开始注意营养的均衡了呢。明明他以前还经常吃垃圾食品呢。	Tanaka	My younger brother started boxing and became conscious of a well-balanced diet to build a strong body. He used to eat a lot of junk food, though.
你：	我妈妈也每周打电话来问我有没有好好吃饭呢。她说好不容易来了日本，让我自己做健康的日本餐。但日本餐做起来哪有那么容易…	You	My mother calls me every week to ask if I eat healthy. She says I should cook healthy Japanese dishes because I'm in Japan. But Japanese dishes are difficult to cook....
田中：	日本餐营养均衡是不错，但自己做起来也的确不容易。	Tanaka	Japanese dishes are nutritionally balanced, but when it comes to cooking, it's hard.
你：	是的呢。也是不得已才吃便利店的便当的。	You	Yes, really. That's why I always eat packaged meals from convenience stores.
田中：	但就算是便利店的便当，也能买到营养均衡的呢。便利店里也卖白煮蛋和水果之类的吧。	Tanaka	But depending on what you choose, you can have a healthy meal even from a convenience store. They sell boiled eggs and fruits, too.
你：	是时候重新审视自己的食谱了。	You	Maybe I should change my diet.

［くだけた 表現の説明］

食べていたのに：言いさし文。　作りなさいって：って→と　このあとに「言ってきます」などの文が省略されている。　難しくて…：言いさし文。　すませてしまって：言いさし文。　売ってるしね：売ってるしね→売って（い）るし＋助詞の「ね」。言いさし文。あとに続く文を言わずにコンビニでも栄養バランスが取れる理由を説明している。

B2　こうしたらどうでしょうか

田中：　今度久しぶりに県立美術館に行くんだ。

あなた：県立美術館ですか。いいですね。●ⓔ私（も）ときどき行きますよ。

田中：　館内はエアコン（が）効いていて寒いって聞いたんだけど、やっぱり寒かった？　私、小学校のときに行った（き）りで、あんまり覚えてなくて。

あなた：たしか、けっこう寒かった（よ）うに思います。

田中：　やっぱり寒い（ん）だ。じゃあ、長そでを着ていこうかな。

あなた：あ、でも、場所によって（は）、エアコンが効いていないですよ。●ⓔ温度調整をしやすいかっこう（が）いいと思います。

田中：我打算去县立美术馆，好久没去了。	Tanaka	I'm going to visit the prefectural art museum for the first time in a while.
你：　县立美术馆啊，真不错呢。我偶尔也去呢。	You	The prefectural art museum? That's nice. I sometimes go there, too.
田中：听说馆内因为冷空调特别强劲所以会很冷。你去的时候感觉到冷了吗？我也只在小学去过，也记不太清了。	Tanaka	I heard that it was cold in the museum because of the air conditioning, but do you remember it was cold? The last time I went there was when I was in elementary school, so I don't really remember.
你：　没错，的确是会觉得有点冷。	You	Well, I think it was pretty cold.
田中：那里果然是挺冷的啊。那我穿长袖去吧。	Tanaka	I see. Then maybe I should wear long sleeves.
你：　不过馆内也有冷空调不那么强劲的地方。穿着方便穿脱的衣服去会比较好呢。	You	But there are places where the air conditioners don't work well. So I think you should wear clothes that are easy to adjust to the room temperature.

［くだけた表現の説明］
寒いって→寒いと　**やっぱり**→やはり　**私、小学校のとき**：「私」のあとに助詞の「は」が省略されている。　**あんまり**→あまり
覚えてなくて：覚えてなくて→覚えて（い）なくて　言いさし文。　**じゃあ**→では

B3　この道に決めました

田中：　佐藤先輩、今度独立して設計事務所を開く（ら）しいよ。

あなた：そうなんですか。そういえば、「早く独立したい」って言っ（て）ましたね。

田中：　「今の会社は労働時間が長い（わ）りに収入が…」って言ってたもんね。

あなた：独立したらやりたい仕事（を）自分で選ぶことができるし、やりがいがあるでしょうね！　●ⓔ働く時間を自分（で）決められるなんていいな。

田中：　でもさ、仕事に関する責任を全部負うこと（に）なるんだよ。「会社が守ってくれる」っていう感覚がなく（な）る。やっぱ、大変（だ）と思うよ。

あなた：そういうデメリットを上回るメリットがある（か）らこそ、佐藤先輩は独立したっていうことでしょう。●ⓔかっこいいなあ。

田中：听说佐藤前辈将要独自创业开一家设计公司呢。	Tanaka	I hear Mr. Sato is going to start his design office.
你：　是这样啊。的确记得他曾说过："想要尽早独自创业。"	You	Really? He said he wanted to become self-employed near future.
田中：他还说过："现在正工作的公司的工作时间又长工资还低。"	Tanaka	He also said, "My current company has long working hours, but the pay is not so good."
你：　独自创业的话能做自己想做的工作，一定能体会到工作的意义吧。也能自己决定自己的工作时间。	You	I think being self-employed is rewarding because you can choose your work. It would be nice if I could set my working hours.
田中：不过工作上的责任也全背自己一个人背负了呢。也不能再幻想着"公司会罩着我"了。果然创业也不轻松啊。	Tanaka	On the other hand, you have to take all the responsibility for work. You lose the feelings of being protected by a company. I think that is tough.
你：　不过正是因为创业的利大于弊，佐藤前辈才会选择要独立创业吧。他真是潇洒呢。	You	But I think the advantages outweigh such disadvantages, so Mr. Sato decided to start his business. That's cool.

［くだけた表現の説明］
佐藤先輩：このあとに助詞の「が」などが省略されている。　**言ってましたね**→言っていましたね　**収入が…**：「収入が」のあとに、「低い」などの表現が省略されている。　**言ってたもんね**：言って（い）たもん＋助詞の「ね」。「〜もん」は「〜から」と同じように理由を表す表現。　**でもさ**：でも＋助詞の「さ」。　**っていう**→という　**やっぱ**→やはり

B4 言いにくいのですが

田中： はぁ…、どこ（も）家賃が高いなあ。ルームシェア（を）するしかないかな。

あなた： ルームシェア、いいじゃ（な）いですか。心配なことでもあ（る）んですか？

田中： うーん。実は私、ルームシェアをしたこと、ある（ん）だよね。でも、毎日イライラすることが多くて（さ）、大変だったんだ。

あなた： そんな（に）イライラするなんて。●ミ一体、何（が）あったんですか？

田中： 友達が勝手（に）犬を飼いだしたんだよね。事前（に）何の相談もなく。

あなた： 事前（に）相談もなく？ ●ミああ、それ（は）いやですね。

田中： そのうえ、散歩に連れていかないか（ら）、ストレスたまった犬が吠えまくりで…。注意して気まずくなる（の）もいやだし、結局何も言えなかったんだ。

田中：喉,无论哪里的房租都好高啊。看来只能找人合租了呢。	Tanaka	Rent is high everywhere. I guess I'll have to share a room.
你： 合租不也是一个不错的选择吗。有什么事值得你担心的吗？	You	Sharing a room is nice. Are you worried about anything?
田中：嗯 ... 其实我以前和别人合租过。但那时每天都十分烦躁，很不快活。	Tanaka	Actually, I had shared a room before. But it was hard because I stressed out every day.
你： 竟会让你如此烦躁，究竟发生了什么呀？	You	Why are you stressed out? What was going on?
田中：室友在我不知情的情况下就养起了狗，事前也没和我讨论过养狗这事。	Tanaka	My roommate started to have a dog without telling me.
你： 没和你说过就养了？喉 ... 那的确挺让人心烦的呢。	You	Without telling you anything? Oh, I wouldn't like that either.
田中：更过分的是，室友还不去溜狗。心情郁闷的狗每天都叫个不停。但我又怕和室友挑明后两人的关系变差，到头来我什么也没能说出口 ...	Tanaka	Besides, she didn't walk the dog, so it barked a lot from stress. I didn't want to make things awkward by telling her about that, so I didn't say anything in the end.

［くだけた表現の説明］
多くてさ：多くて＋助詞の「さ」。　**友達が勝手に犬を飼いだしたんだよね。事前に何の相談もなく**：倒置法。　**吠えまくりで…**：「まくる」は、動作を何度も激しく繰り返す様子を表す。「吠えまくりで…」のあとには「困りました」などの文が省略されている。

....

B5 見た目で印象が決まる？

あなた： すみません。これ、試着して（み）たいんですけど…。

店員： はい、かしこまり（ま）した。

あなた： あ（の）、Ｌサイズって●ミこの色だけですか？

店員： いえ、他にグレー（も）ございますよ。こちらです。両方ご試着なさいますか？

あなた： はい。●ミ両方着てみて、どちらにするかを決めます。

店員： かしこまりました。どちらも人気の色でし（て）、よく出ているんですよ。

あなた： うーん、ベージュか、グレーか。●ミどっち（の）ほうが印象がいいかなあ。悩むなあ。

你： 不好意思。我想试穿一下这件衣服 ...	You	Excuse me. I'd like to try this on....
店员：好的。我知道了。	Salesperson	Certainly.
你： 你好 ... 这件衣服的 L 码只有这个颜色吗？	You	Is this the only color available in large sizes?
店员：不是的,还有灰色的。您看。您两种颜色都要试穿吗？	Salesperson	No. We also have gray. Here it is. Would you like to try on both?
你： 是的。我想都试穿一下,再决定买哪一件。	You	Yes. I'll try both of them on and decide which one I take.
店员：明白了。这两种颜色都非常受欢迎,卖得相当好。	Salesperson	Certainly. Both colors are popular and selling well.
你： 这样啊,是买米色呢还是灰色呢。到底哪件能给人带来更好的印象呢。真让人头大呢。	You	Well, beige or gray? Which one gives a good impression? I'm wondering which is better.

［くだけた表現の説明］
試着してみたいんですけど…：言いさし文。　**Ｌサイズって→Ｌサイズは**

177

B6　シェアしてみようかな

田中：　これ見て！　このアイス、すご（く）かわいい！　写真撮りに行（き）たいなあ。

あなた：　え、「食べたい」じゃなく（て）、「写真撮りたい」？　●ミ どこか（に）アップするんですか？

田中：　そう。SNS に投稿すると、友達からコメントがもらえ（て）楽しいんだよね。

あなた：　みんなに写真をシェアするた（め）だけに、注文するんですか？　●ミ けっこういい値段するの（に）。

田中：　写真だけ撮って、食べずに捨てちゃう人もいるもんね。でも、私はちゃん（と）食べるよ。いい値段する（し）ね！

あなた：　なるほどね。●ミ 私は写真を撮る（より）、早く食べたいけどなあ。

田中：	快看这个！这个冰淇淋多可爱啊！真想给这冰淇淋拍照啊。	Tanaka	Look at this! This ice cream is so cute! I want to go to take a picture of it.
你：	诶？不是"想吃"而是"想拍照"？是要将照片分享到哪里吗？	You	What? Did you say "I want to take a picture" instead of "I want to eat"? Are you going to post your pictures somewhere?
田中：	是呀。发到社交软件上的话，朋友们都会来给我评论，可有趣了呢。	Tanaka	Yes. I enjoy getting comments from my friends when I post pictures on social media.
你：	只是为了照片就下单吗？这冰淇淋可要少少钱呢。	You	Are you going to order the ice cream just for the sake of sharing the pictures with others? The ice cream is not cheap.
田中：	虽然也有只拍照不吃便丢掉的人。但我是会认真吃完的。毕竟要不少钱呢。	Tanaka	I know some people just take pictures of the food and throw it away without eating it. But I do eat it because it's not cheap!
你：	这样啊。不过我是比起拍照更想尽快开吃的那种人。	You	I see. I would rather eat than wait to take pictures.

[くだけた表現の説明]

これ見て→これを見てください　**このアイス**：このあとに助詞の「は」などが省略されている。　**けっこういい値段するのに**：言いさし文。　**捨てちゃう人**→捨ててしまう人　**いるもんね**：「もん」は理由を表す表現。　**いい値段するしね**：言いさし文。　**食べたいけどなあ**：言いさし文。食べたいけど＋助詞の「な（あ）」。

B7　地球の未来はどうなる？

講師：　さて、このまま地球温暖化が進むと、いったいどんなこと（が）起きるのか。そちらの白い Tシャツ（の）方、地球はどうなると思いますか。

あなた：　あっ、私ですか。そうですね。海面が上昇し（て）、陸地が減るんじゃないでしょうか。●ミ そのせい（で）住むところがなくなる動物もいそうです。

講師：　そうですね。野生の生き物たちの危機（は）無視できない問題です。実は地球温暖化（は）、雨の降り方も変えてしまうんですよ。皆さんも、豪雨や干ばつのニュースを見たことがあるでしょう。

あなた：　あ！　もしかして、食糧の生産も●ミ うまくいかな（く）なってしまいますか。

講師：　そうですね。ここでスライド（を）見てみましょう。

讲师：	如果全球继续变暖，究竟会发生什么事呢？那位穿白色短袖的同学，你觉得那样的话地球会变成什么样？	Teacher	Now, what will happen if global warming continues at this rate? How about you in a white T-shirt?
你：	啊，是我吗？嗯…海平面会上升，然后陆地会变少。因此也会出现无地可住的动物吧。	You	Me? I think sea level will rise and land area will decrease. And because of this, I think some animals will have no place to live.
讲师：	是的。野生动物的生存问题也是不可忽视的。事实上，全球变暖同样还会改变降雨方式。我相信大家也都看到过暴雨和干旱的新闻吧。	Teacher	Yes, that's right. The threat to wildlife is an issue that cannot be ignored. In fact, the greenhouse effect also changes rainfall patterns. You have probably seen news about heavy rains and droughts.
你：	是的！莫非对粮食的种植也会有不好的影响吧。	You	Oh! Could it have a negative impact on food production?
讲师	没错。让我们一起来看幻灯片…	Teacher	Yes. Now, let's look at this slide.

B8 お大事にしてください

鈴木： おはようございます。おや、体調悪そう(だ)ね。大丈夫？

あなた： おはようございます。昨晩は熱があっ(て)だるかったんですけど、今朝測ったら、もう下がっていました。●ﾐだから大丈夫(だ)と思います。

鈴木： でももま(だ)顔色がよくないよ。無理しない(ほ)うがいいんじゃない？　一日休んだ(ら)？　学校で倒れた(ら)大変だよ。

あなた： ご心配おかけしてすみません。じゃあ午前中授業に出てみて、やっぱりつらいなと思ったら●ﾐ無理(せ)ず帰って来ることにします。

鈴木： それがいいよ。何かあったらすぐに連絡(し)てね。

鈴木：早上好啊。诶？你看起来不大舒服啊。没事吧？		Suzuki	Good morning. Oh, you don't look well. Are you OK?
你：	早上好。昨晚发烧了所以现在身体有些倦怠。不过今天早上测了体温发现已经退烧了。我觉得已经没事了。	You	Good morning. I had a fever last night, but when I took my temperature this morning, it already went down. So I think I'm fine now.
鈴木：	但你脸色也不太好啊。别太过勉强自己了。要不请一天假吧？要是在学校晕倒了可就麻烦了。	Suzuki	But you still look pale. You should take it easy. How about taking a day off? It would be worse if you fell down at school.
你：	不好意思让您替我操心了。要不我先去上半天的课，如果还是难受的话我就请假回来。	You	I am sorry for making you worry. I will try attending classes in the morning, but if I don't feel well, then I will come back.
鈴木：	这样也不错。有什么事请随时联系我。	Suzuki	That's a good idea. Please let me know if you need any help.

[くだけた表現の説明]
休んだら→休んだらどうですか　じゃあ→では　やっぱり→やはり

B9 それ、流行っていますね

山田： アニメや漫画がきっかけ(で)日本語を勉強する人って多いんですね。

あなた： 私(も)そのうちの一人ですよ。●ﾐ漫画を何冊も読みました。

山田： やっぱり、最近は伝統的な日本文化より、ポップカルチャーに興味(を)持つ人が多いのかなあ。

あなた： そうですね。以前は日本と言え(ば)、着物、忍者、すし、てんぷらでしたよね。でも、●ﾐ私たち(の)世代はアニメ、ゲーム、ファッションなんです。

山田： そうそう、この間、アニメのかっこうをしている外国の人がいて(ね)。びっくりしたけど、コスプレも日本文化とし(て)有名なのね。

あなた： はい。日本で開催されるコスプレサミットには、毎年多くの国(か)らコスプレイヤーが集まるんですよ。

山田：以动漫或漫画为契机学习日语的人还挺多的吧。		Yamada	It seems many people begin to study Japanese because of Japanese animations and comic books.
你：	我也是其中一员。我读了不少漫画。	You	I am one of them. I have read many Japanese comics.
山田：	果然，最近比起日本的传统文化，对日本的流行文化感兴趣的人更多啊。	Yamada	Nowadays more people seem to be interested in pop culture rather than traditional Japanese culture.
你：	在过去，大家对日本的印象都是和服，忍者，寿司，天妇罗。但我们年轻一代对日本的印象已经是动漫，游戏，时尚了。	You	Yes, that's right. In the past, when people thought of Japan, things like kimonos, ninjas, sushi, and tempura came to mind. But for our generation, they are anime, games, and fashion.
山田：	是啊，前段时间看到有外国人打扮成动漫里的角色，真是吓了一跳。Cosplay作为日本的文化也很有名呢。	Yamada	The other day, I saw someone cosplaying as an anime character. I was surprised but cosplay is well-known as part of Japanese culture.
你：	是的。每年都有许多来自不同国家的 Cosplay 爱好者来日本参加 Cosplay 高峰会呢。	You	Yes. Every year, cosplayers from many different countries gather at the Cosplay Summit held in Japan.

[くだけた表現の説明]
人って→人は　やっぱり→やはり　外国の人がいてね：言いさし文。　びっくりしたけど→びっくりしたけれど

B10 動物を飼いたいな

田中：　ケータイの待ち受け画面、シロに変えようっ（と）。

あなた：　シロ…っていうと、ワンちゃんですか。

田中：　うん、ほら、見て！　これ、シロの写真だよ。散歩のとき（に）撮ったの！

あなた：　わあ、かわいいですね。あれ？　●ミリード（を）していないんですか？

田中：　リードがある（と）苦しそうだから、ときどき外しちゃう。

あなた：　え？　犬って急に大きな音が鳴ったりする（と）、飛び出しちゃうらしいですよ。

田中：　人がいない公園で、少し（の）間リードを外すだけだよ。でも、たしか（に）危険はゼロじゃないか。これから（は）リードを外さないようにしようかな。

あなた：　それがいいですよ。●ミシロがけがをした（ら）かわいそうですよ。

田中：	话说要不要把手机壁纸换成小白呢？	Tanaka	I'm going to change my lock screen image to a picture of Shiro.
你：	小白…？是你养的小狗吗？	You	Shiro ... are you talking about your pet dog?
田中：	是呀，你看，这是小白的照片，在遛狗的时候拍的呢!	Tanaka	Yes, look! This is a picture of Shiro. I took this when I was walking him!
你：	啊，它真可爱呢。诶？没牵绳吗？	You	Wow, he's cute. Huh? Is he unleashed?
田中：	感觉遛狗绳会让狗狗不舒服，所以我有时会给它解开。	Tanaka	Because he looks uncomfortable on the leash, I sometimes take it off.
你：	据说狗会因为突然出现的巨大声响而慌忙逃窜吧。	You	What? I heard dogs run away when they hear loud noises unexpectedly.
田中：	我只在没人的公园里才会把遛狗绳解开一会儿。不过话说回来就算这样也不是百分百安全的。要不从今以后我还是不解开遛狗绳了吧。	Tanaka	I take off the leash only when nobody is around in the park. But..., yes, you're right. It doesn't mean there is no danger. I try not to take the leash off.
你：	的确那样更好。如果小白受伤了它也怪可怜的。	You	Yeah, it'd be pitiful if he got hurt.

[くだけた表現の説明]
待ち受け画面、シロに：「画面」のあとに助詞の「を」などが省略されている。　**変えようっと：**「～ようっと」は独り言のように意思を伝えるときの表現。　**っていうと→というと　外しちゃう→外してしまいます　犬って→犬は　飛び出しちゃう→飛び出してしまう**

B11 こんな施設があったらいいな

あなた：駅の近くのあ（の）図書館って、わりと古いですよね。●ミいつ建てられたんですか。

鈴木：たしか70年代だった（か）なあ。同じ時期にいろんな施設を作ったんだよ。だからダメ（に）なるのも同じ時期かもしれないなあ。

あなた：なるほど。同じ時期にダメになってしまった（ら）、複数の施設を一度に建て直すのは大変ですよね。●ミ施設を一か所にまとめ（た）らどうですか。

鈴木：一か所にまとめると、家のそば（に）公共施設が何もないって人が出てきちゃうでしょ。税金払うのはみんな同じなのにさ。

あなた：たしか（に）そうですね。すべての人の徒歩圏内に公共施設（を）建てたら、●ミたくさん税金を使うことになっちゃいますね。

你：	车站附近的那个图书馆，得有些年份了吧。是哪一年建成的呢？	You	The library near the station is rather old, isn't it? When was it built?
鈴木：	差不多是上世纪70年代吧。那时候一口气造了不少公共设施，所以说不定这些设施也会在同一时期报废吧。	Suzuki	I think it was built in the 70's. Many other public facilities were also built around that time. So they all might fall into decay at the same time.
你：	这样啊。同时报废的话…就得同时重建多个设施，这不是件易事吧。把这些设施都集中到一个地方的话会不会方便一些？	You	I see. But if it happens, it's a lot of work to rebuild multiple buildings all at once. What if we put all the facilities in one place?
鈴木：	集中到一起的话，就会出现家附近什么公共设施都没有的人吧。明明大家都缴了税的。	Suzuki	If we put them in one place, there will be some people who don't have any public facilities nearby. Everyone is equity in that they pay taxes, right?
你：	确实。要是所有人家的徒步范围内都有公共设施的话就是最好的了。不过那样的话，也会花费大量的税收吧。	You	Yes, that's true. If we built public facilities within everyone's walking distance, we would have to spend more taxes.

[くだけた表現の説明]
図書館って→図書館は　いろんな→いろいろな　何もないって人→何もないという人　出てきちゃう→出てきてしまう　同じなのにさ：言いさし文。　なっちゃいますね→なってしまいますね

B12 どういう現象かというと

山田： 私、いつかオーロラツアー（に）行きたいのよね。

あなた： なんですか、その「オーロラツアー」って。

山田： オーロラはね、北極や南極の空（で）見られるカーテンみたいな光。それを見るツアー（が）あるから、行きたいなあって。

あなた： ああ、空の上（で）ゆらゆら揺れる光ですね。●ミ私も見（て）みたいなあ。

山田： 神秘的だ（と）思わない？

あなた： あれってツアー中に絶対に見（ら）れるものなんですか？　見られなかっ（た）ら●ミスケジュールを変更するんですか？

山田： けっこう（な）確率で見られるらしいですよ。でも、オーロラって、どうして（あ）んなふうに光るんでしょうね。

山田：我真想有朝一日去参加极光之旅呀。	Yamada I would like to go on an aurora tour someday.
你： 极光之旅？是什么呀？	You What is "aurora tour"?
山田：极光就是在北极或南极的天空中能看见的幕状的光。有专程看极光的旅行团，我太想参加了。	Yamada Aurora is a curtain-like light that can be seen in the sky over the North and South Poles. There are some tours to see Aurora, so I want to join one.
你： 就是那个在天上摇曳的光啊。我也想看看呢。	You Ah, I understood. It's the lights shimmering in the sky. I want to see it, too.
山田：不觉得那很神秘吗。	Yamada It's mysterious, don't you think?
你： 极光之旅中一定能见到极光吗？要是没看见的话，是会更改行程安排吗？	You Do you always get to see aurora during the tour? If you don't have any chance, do they change the schedule?
山田：据说有很大机率能看见呢。话说，极光到底为什么会是那样的呢。	Yamada I hear there is a pretty good chance of seeing it. I wonder why aurora glows like that.

[くだけた表現の説明]
私、いつか：「私」のあとに助詞の「は」などが省略されている。　なんですか、その「オーロラツアー」って：倒置法。　オーロラはね：オーロラは＋助詞の「ね」。　行きたいなあって：行きたいなあって→行きたいなあと　このあとに「思っています」などの文が省略されている。　あれって→あれは　オーロラって→オーロラは

B13 今のうちに準備しておこう

あなた： 大家さん、こんにちは。何（を）なさっているんですか。

鈴木： さっきテレビ（で）大型台風が来るって言っていてね。ちょっと窓（の）補強をしておこうと思って。

あなた： えっ。今度の台風は大型なん（で）すか。私も何か準備したほう（が）いいでしょうか●ミ水と（か）、かんづめとか…。

鈴木： そうだね。断水があるか（も）しれないし、かんづめは日持ちするしね。

あなた： でも、停電になっ（た）ら、スマホの充電はどうしましょう…。スマホが使えなくなったら、●ミ助け（を）求めることもできません。

鈴木： モバイルバッテリーをコンビニ（で）買っておくといいよ。

あなた： あっ！　そうですね。そうします！

你： 房东先生你好。发生什么事了吗？	You Hello, Mr. Suzuki. What are you doing?
铃木：刚才看电视说要来大型台风了。所以打算把窗户都加固一下。	Suzuki I saw the news on TV, and it says a big typhoon is heading here. So I think I need to reinforce the windows.
你： 诶？这次的台风是大型台风吗？我也该做些准备比较好吧。备一些水和罐头之类的吧…	You Really?　Next typhoon is a big one? Should I prepare something too? Like water, canned food, and so on....
铃木：是呀。说不定会停水，罐头还可以放得久一点。	Suzuki Yes, I think so. Because there might be water outage, and canned food will last a while.
你： 不过，如果停电了的话，手机怎么充电呢？手机用不了的话，都无法求救了。	You But, if there is power outage, how can I charge my smartphone? If I can't use my phone, I can't call for help.
铃木：便利店有卖移动电源，买一个备着比较好哦。	Suzuki Mobile batteries are sold at convenience stores, so you should get one.
你： 对！这就去买！	You Ah! That's right. I will!

[くだけた表現の説明]
来るって→来ると　補強をしておこうと思って：言いさし文。　水とか、かんづめとか…：「水とか、かんづめとか」のあとに、「を準備しておいたほうがいいですか」などの文が省略されている。

181

■ 対話文の（　）の答え／対話文の大意〈中国語・英語〉／くだけた表現の説明 ■

B14 それも一理あるけど

田中：　今度の新人歓迎会、どこでやる（の）がいいだろう。

あなた：大勢集まっても迷惑（に）ならない店じゃないと。🔊どこがいいでしょう。

田中：　うーん。学校のそばの中華料理店にし（な）い？　ちょっと高いんだけ（ど）、おいしいよ。

あなた：高い（な）ら別の店がいいなあ。あっ、あそこ（は）どうでしょう。駅前のイタリアン。🔊この間行った（け）ど、おいしかったし、安かったですよ。

田中：　イタリアンも悪くないんだけど、そのお店、8人で一緒に食事ができる大き（な）テーブル、ある？　その中華の店に（は）、ちゃんとあったよ。

あなた：あ、そっか。全員が同じテーブルで（と）なると、🔊駅前のイタリアンは難しいなあ。

田中：	即将到来的新生欢迎会在哪办比较好呢。	Tanaka	Where should we hold a welcome party for the freshmen?
你：	得挑就算人数较多也不会给其他客人造成麻烦的店吧。到底去哪好呢?	You	It should be a place where a large gathering won't bother other guests. Where do you think is good?
田中：	嗯...学校旁边的中餐馆怎么样? 虽然有点贵但味道还不错。	Tanaka	How about the Chinese restaurant near the school? It's a little expensive, but the food is good.
你：	你觉得贵的话去别的店也行。对了,那家饭店如何? 车站面前的意大利餐馆。最近去了一次,又便宜又好吃。	You	If it's expensive, I think another one is better. How about that place? The Italian restaurant in front of the station. I went there the other day and the food was good and the price was reasonable.
田中：	意大利餐馆倒也不错。不过,那家店里有能坐得下8个人的大桌子吗? 那家中餐馆倒是有。	Tanaka	Well, Italian food sounds good, but do they have a table big enough for eight people to dine together? I know the Chinese restaurant has one.
你：	对哦,要说得有能让所有人都坐一起的大桌子的话,车站前的那家意大利餐馆确实有些不合适。	You	Oh, I see. If we all have to sit at the same table, that Italian restaurant is not suitable.

[くだけた表現の説明]
新人歓迎会：このあとに助詞の「は」などが省略されている。　**店じゃないと**：店じゃないと→店でないと　このあとに「いけません」などの文が省略されている。　**テーブル、ある？**：「テーブル」のあとに助詞の「は」などが省略されている。　**そっか**→そうか　**同じテーブルでとなると**：「同じテーブルで」のあとに「食事をする」が省略されている。

B15 街が抱える問題は

鈴木：　図書館の近くの住宅街（に）、マンション建設反対ってのぼりが出てたね。

あなた：見ました、見ました！　🔊どうしてあんな（に）反対しているんでしょうか。

鈴木：　景色が変わるとか、街並みの統一感がなくなるっていうの（が）理由らしいよ。でも、あそこ（ま）で激しい反対運動になってるとは知らなかったな。

あなた：ええと、もうその土地は買われ（て）しまっているんですよね？　🔊反対運動をする（と）、計画が白紙になるんですか。

鈴木：　それはどうかな。法や条例に違反していないのであれ（ば）、中止にはならないケースが多いかもしれないね。

あなた：そうなんですか。🔊な（か）なか難しい問題ですね。

鈴木：	图书馆附近的居民区里立着反对建造公寓楼的旗帜呢。	Suzuki	I saw banners in a residential area near the library opposing the construction of condominium.
你：	我也看见了! 为什么会如此激烈抗议呢?	You	I saw them, too! Why are those people so strongly against it?
鈴木：	也许是因会家里望出去的风景会变差,又或许是以城市景观变得不和谐之类的理由吧。不过我也没料想到会演化成如此激烈的抗议活动呢。	Suzuki	They say that the landscape will be changed and out of harmony with the surroundings. But I didn't notice that the opposition movement was getting that fierce.
你：	那块土地已经被卖出了吗? 进行抗议的话,房屋建设规划真的会被推翻吗?	You	Well, the land has already been bought, hasn't it? If there is opposition, will the construction be halted?
鈴木：	这就不好说了。如果房屋建设规划既不违法也不违反各项条例的话,许多情况下房屋的建造并不会因抗议而停止。	Suzuki	I don't think so. If the construction is not against the law, it might be unlikely to be halted.
你：	这样啊。真是个棘手的问题呢。	You	Is that so? That's a difficult problem.

[くだけた表現の説明]
建設反対って→建設反対という　**出てた**→出ていた　**なくなるっていう**→なくなるという　**反対運動になってる**→反対運動になっている

C1 うまく伝わったかな

山田：　初めて(の)インターン、どう？　うまくいってる？

あなた：　ちょっと大変です。日本語(を)話すときに、●ξ緊張しちゃうんです。

山田：　え、ほんと？　日本語すごく上手じゃない。緊張なんてしなくていい(の)に。

あなた：　うーん、相手の言っていることは全部聞き取れる(し)、意味もわかるんです。でも、自分の話したいこと(が)うまく言えなくて…。話している途中で、●ξ何(を)話しているかわからなくなってしまうんです。

山田：　そうなんだ。それ(は)大変ね。

あなた：　話しているうちに、こう、何というか…、●ξしどろもどろ(に)なってしまうんです。

山田：　上手(に)話せてると思うけどねえ。じゃあ、自分が話したいことをまとめておくのは(ど)う？　そうすれば緊張しないんじゃないかな。

山田：第一次实习，怎么样，还顺利吗？	Yamada — How's your first internship? Is it going well?
你：　不是很顺利，说日语的时候会紧张。	You — It's a little tough. I get nervous when I speak Japanese.
山田：啊，真的吗？你的日语那么好。完全不需要紧张的呀。	Yamada — Really? Your Japanese is very good. You don't have to be nervous.
你：　嗯‥能听明白对方在说什么，意思也都明白。但是不能完整地表达出来自己想说的话‥对话的时候也是，不知道自己在说什么。	You — Well, I can understand what they say. But I can't say what I want to say.... While speaking, I lose track of what I'm talking.
山田：这样啊。那确实很难受呢。	Yamada — I see. That is tough.
你：　在说话的时候也是，会变得语无伦次。	You — As I'm speaking, I kind of... become incoherent.
山田：我觉得你日语说得很好啊。提前在脑海里整理一下自己想说的话怎么样呢？说不定就不会紧张了。	Yamada — I think you speak well. Then, why don't you try to summarize what you want to talk about? That might make you less nervous.

[くだけた表現の説明]

インターン、どう？：「インターン」はインターンシップの略語。「インターン」のあとに助詞の「は」などが省略されている。　**うまくいってる→うまくいっている　緊張しちゃう→緊張してしまう　ほんと→本当　日本語すごく上手**：「日本語」のあとに助詞の「が」などが省略されている。　**緊張なんてしなくていいのに**：言いさし文。　**うまく言えなくて…**：言いさし文。　**話せてる→話せている**

C2 地域社会の中で

鈴木：　今日の町内会では、意見を出してくれ(て)ありがとう。助かったよ。

あなた：　いえいえ、全然たいしたこと(は)言えませんでした。でも、みんな(と)一緒にルールを考えるのは●ξすごく楽しかったです。

鈴木：　それはよかった。実は、もっと外国から来た人に参加してほしいと思っ(て)るんだ。どうしたら参加してもらえるかなあ。

あなた：　そうですね。話し合う前に少し準備ができる(と)うれしいです。●ξ話し合いのテーマを資料にして、数日前(に)みんなに配っておくのはどうでしょうか。

鈴木：　あ、なるほど。意見を言う前に、考える時間(が)欲しいと思う人は多いかもしれないね。ちょっと他の役員さんに提案してみる(よ)。ありがとう。

鈴木：谢谢你在居委会上帮我提出意见，真是帮了我大忙。	Suzuki — Thanks for your advice at today's neighborhood meeting. It was helpful.
你：　不用客气，没什么大不了的。大家可以一起制定规章制度也是件非常愉快的事。	You — It's not a big deal because I didn't say anything special. But it was fun to think about rules together.
鈴木：那就好。其实我想让更多外国人来参加居委会。怎么样才能让他们加入我们呢。	Suzuki — I'm glad to hear that. Actually, I'd like more foreign people to participate. I wonder how we can get them involved.
你：　是啊。讨论之前能够稍微准备一下的话比较好。将讨论的议题做成资料，提前几天发给大家怎么样呢？	You — It would be helpful if we could prepare in advance. How about making a list of discussion topics and handing it out a few days before the meeting?
鈴木：原来如此。在发表自己的意见之前，可能有很多人需要时间考虑。我也尝试向其他的干部建议一下吧。谢谢你。	Suzuki — Good point. People might want some time to think before offering their opinions. I'll share this idea to the other board members. Thank you.

[くだけた表現の説明]

思ってる→思っている

C3 男女平等と言うけれど

田中：　社会学の授業で、「私が思う男女平等」っていうテーマ（で）、レポートを書くことになったんだ。これか（ら）本やネットでいろいろ勉強しなくっちゃ。

あなた：　ジェンダー問題ですか？　私も以前 "ガラスの天井"（と）いう、女性が直面する壁の記事をネットで読みました。●ミ まだまだ課題が多いですね。

田中：　女性の管理職の少なさを考える（と）ね…。やっぱり、ガラスの天井はあるんだろうなって気（が）する。女性は苦労するなあ。

あなた：　あの、男性もジェンダー（で）苦労している面はありますよ。私も親（か）ら●ミ「男の子なんだから責任を持って！」なんて言われてきましたし…。

田中：　あっ、それ、うちの弟も言われてた！　やっぱり、お互いを理解するために、（も）っと話し合いをしていかなきゃね。誰にとっても生きやすい世の中（に）なるようにね！

田中：	社会学的课后作业是以 "我心中的男女平等" 为题写一篇报告，必须要在网上和书里找一找资料了。	Tanaka	I have to write a sociology paper on the theme of "My opinion about gender equality". I'm going to study a lot from books and on the Internet.
你：	性别问题？我以前也在网上读过一篇名叫 "玻璃天花板" 的文章，写的是女性在职场中所面临的各种障碍。还是有很多问题呢。	You	Gender issues? I once read an article on the Internet about the "glass ceiling". There are still many problems.
田中：	从女性管理层的稀少程度来看的话。果然玻璃天花板还是存在的。女性真的很辛苦呢。	Tanaka	Given the small number of women in management positions, I believe the glass ceiling exists. Women are struggling.
你：	男性也有因为性别烦恼的时候。我的父母也会说 [因为是男孩子，所以要好好的负起责任!] 之类的话。	You	Well, men are also struggling with gender issues. Like me, my parents always say, "You need to be responsible because you are a boy!"
田中：	我的弟弟也被这么说过！果然，为了能够相互理解，必须要多多交流才行。希望这个社会变得更好，可以让大家都轻松生活下去。	Tanaka	That's what my brother was told! We need to communicate more to understand each other . To make the world a better place to live for everyone!

[くだけた表現の説明]
っていう→という　勉強しなくっちゃ→勉強しなくてはいけません　やっぱり→やはり　言われてきましたし…：言いさし文。
言われてた→言われていた　していかなきゃ→していかなければならない　なるようにね：なるように＋助詞の「ね」。

C4 私のストレス解消法

田中：　この間参加したオンラインヨガ、わり（と）よかったなあ。自宅（で）できるし、ストレス解消のために、ちょっと続けてみようかな。

あなた：　へえ、オンラインヨガです（か）。オンライン教室は●ミ私の国でも流行っているみたいですよ。

田中：　やっぱり、どこの国でもそうなんだ。

あなた：　うちの親も、最近オンラインの教室（を）楽しんでいるみたいです。空いている時間（に）気軽に参加できるのがいいって言ってました。

田中：　うんうん。オンライン教室って、その気軽さ（が）いいよね。

あなた：　それに、出かけなくていいから、●ミ天気や体調を考えなくていいの（も）気に入っているそうです。

田中：	之前参加的线上瑜伽，感觉还不错。在家也能很轻松地完成，为了缓解压力，我要不要继续练下去呢。	Tanaka	The online yoga class I took the other day was not bad. I can join at home, so I might keep trying to relieve stress.
你：	线上瑜伽啊。线上教室貌似在我的国家也很流行哟。	You	Online yoga? I hear online classes are very popular in my country too.
田中：	果然，不管在哪都很流行呢。	Tanaka	It's the same in every country, isn't it?
你：	我的父母似乎最近也开始上线上课了，他们说能利用空闲的时间轻轻松松地上一节课真的很方便。	You	My parents are also enjoying online lessons recently. They say the best thing about online lessons is that they can easily join in during their free time.
田中：	是呀。线上教室。真的轻松又方便呢。	Tanaka	Yes, the advantage of online courses is that they are easy to participate.
你：	此外，因为他们不用外出，所以不用考虑天气或者身体状况这点也挺不错的。	You	Besides, they like it because they don't need to worry about their physical condition or weather. They don't need to go out for the class.

[くだけた表現の説明]
参加したオンラインヨガ：このあとに助詞の「は」などが省略されている。　やっぱり→やはり　いいって→いいと　言ってました→言っていました　オンライン教室って→オンライン教室は

相談してみよう

受付：　こんにちは。どうされましたか？

あなた：　実は、学費（の）納入が遅れそうで…。 ◉ﾐ 相談に乗っていただけますか。

受付：　はい、学費納入（に）ついてですね？　遅れるというのは、何かご事情でも？

あなた：　はい、実は先日実家のあたりで大規模（な）水害があったんです。両親（か）ら「仕送りがちょっと遅れる」と言われて…。 ◉ﾐ どうしたらいいでしょうか。

受付：　水害ですか…。それ（は）大変でしたね。ご両親は（ご）無事ですか？

あなた：　あ、はい。ありがとうございます。幸い、 ◉ﾐ 無事（に）避難できたようです。

受付：　そのようなご事情（な）ら、手続きをすれば、一時金が無利子で借りられるかもしれません。今日の夕方、奨学金の窓口に（お）越しいただけますか。それまでに資料をそろえておきますね。

接待：你好，请问有什么能帮你的吗？		Receptionist	Hello. How can I help you?
你：　嗯……，我的学费可能会晚一些交，可以咨询一下这个事吗？		You	I hate to say this, but I might be late with my tuition payment. Would you give me some advice?
接待：学费缴纳吗？请问是因为什么特殊的理由延迟了吗？		Receptionist	It is about the tuition, isn't it? You said it might be delayed, is there any reason for that?
你：　是这样的，前天我的老家那边发生了水灾。父母说转账可能会晚一点。请问该怎么办好呢？		You	Yes, there was a big flood around my parents' house. My parents told me that the transfer of the money might be delayed.... What should I do?
接待：水灾啊 ... 很严重呢。你的父母没事吧？		Receptionist	Flooding.... I'm sorry to hear that. Are your parents okay?
你：　谢谢你的关心。万幸，他们已经转移到了安全的地方。		You	Thank you for your concern. Fortunately, my parents were able to evacuate safely.
接待：因为情况特殊，只要申请的话可以零利率给你贷款，可以请你在今日傍晚前往奖学金的窗口吗？在此之前请提前准备好申请资料。		Receptionist	In such a case, you may be able to borrow a lump-sum without interest if you apply. Can you come to the scholarship office this evening? I'll have the documents ready by then.

［くだけた表現の説明］
遅れそうで…：言いさし文。　　**ご事情でも**：このあとに「おありですか」などの文が省略されている。　　**言われて…**：言いさし文。

⋯⋯⋯

それは確かですか？

田中：　昨日の地震、けっこう揺れたね！　大丈夫だった？

あなた：　はい、大丈夫でした。でも、棚の食器が音を立てて、本当（に）びっくりしました。田中さんはどうでしたか？

田中：　うん、大丈夫だったよ。ねえ、（あ）の地震の影響でトイレットペーパーが不足するらしいよ。すごい勢い（で）店頭から消えてるんだって。SNSでみんな言ってる。

あなた：　SNSで拡散してるっ（て）ニュース、私もテレビで見ました。 ◉ﾐ でもそれっ（て）確かな情報なんですか？

田中：　みんな言ってるし、そうだ（と）思う。とりあえず買いに行かなきゃ。

あなた：　ちょっと待ってください。 ◉ﾐ 今、情報源（を）調べてみます。

田中：昨天的地震，晃得很厉害，没事吧？		Tanaka	I felt a big tremor during yesterday's earthquake. Were you all right?
你：　没事。但是昨天柜子里的餐具一直在响，真的被吓到了。田中同学你那边没什么事吧？		You	Yes, I was okay. But I was really surprised to hear the dishes on the shelves making clinking noises. How about you?
田中：嗯，我也没事。好像因为地震的影响厕纸断货了。听说店里的厕纸一下就卖光了。SNS上大家都这么说。		Tanaka	There were no problems. Listen, I hear there will be a shortage of toilet paper due to the earthquake. Toilet paper is disappearing rapidly from stores. People are talking about it on social media.
你：　在SNS上扩散的消息，我在电视上也看见了。但是那是可靠的消息吗？。		You	I saw a news on TV that it has spread through social media. But is that information reliable?
田中：大家都在那么说，可能真的是这样，总而言之必须去买一点。		Tanaka	I think it's true because everyone says so. Anyway, I have to get some.
你：　等一下，我查查消息源在哪。		You	Wait a sec. Let me check the source of that information.

［くだけた表現の説明］
昨日の地震：このあとに助詞の「は」などが省略されている。　　**消えてる→消えている　だって**：伝聞の表現。　　**言ってる→言っている　拡散してるって→拡散しているという　ニュース**：このあとに助詞の「を」などが省略されている。　　**それって→それは　行かなきゃ→行かなければならない**

C7　伝統文化を守りたい

山田：　そういえ（ば）私ね、この間「七宝焼」に挑戦してきたんですよ。このペンダント、私（が）作ったの。

あなた：　えっ。このペンダント（を）？　すごい。プロ（み）たいですね。本当にきれい！　●ミ作るのが難しそうですね。

山田：　伝統工芸品だから、作るの（が）難しいって私も思ってたんですよね。でも教室には材料がそろってる（し）、丁寧に教えてくれたから楽しかったよ。

あなた：　いいですね。私も行っ（て）みたいなあ。こんなきれい（な）和風の小物、●ミ実家に送ってあげたいです。

山田：　私が行ったときは、外国の方も何人（か）参加してましたよ。行ってみたら？

山田：	说起来，前段时间我去挑战了一下「七宝烧」。这个挂件，我自己做的。
你：	这个挂件吗？真厉害，像专业的一样。真的很漂亮，做起来一定很难吧。
山田：	因为是传统的工艺品，我之前也觉得做起来可能会很难。但是教室里材料齐全，也有老师教我，所以还挺有意思的。
你：	真好，我也想去试试。这么漂亮的日式装饰品，我想给老家也送一个。
山田：	我去的时候也有好几个外国人也参加了。要去试试看吗？

Yamada	The other day I tried my hand at making cloisonné ware. I made this pendant.
You	This one? Amazing. It's as good as a pro's workmanship. It's really beautiful! It looks difficult to make.
Yamada	I used to think it would be difficult to make because it was a traditional craft. But the class had all the materials and the instructor patiently taught us, so I enjoyed it.
You	That's nice. I'd like to join the class! I want to send such beautiful Japanese accessories to my parents.
Yamada	When I went there, there were some foreigners. Why don't you try it?

[くだけた表現の説明]
私ね→私は　このペンダント、：「ペンダント」のあとに「は」などが省略されている。　ペンダントを：このあとに「作ったんですか」などが省略されている。　難しいって→難しいと　思ってた→思っていた　そろってる→そろっている　和風の小物：このあとに「を」などが省略されている。　参加してました→参加していました　みたら→みたらどうですか

C8　アルバイトでもしようかな

田中：　うーん。どこ（に）応募しようかなあ。

あなた：田中さん、●ミ何を見ているんですか？

田中：　求人誌だよ。「ご自由にお持ちください」って駅（に）置いてあるでしょう？　それ（を）もらってきたの。ちょっとバイトでも（し）ようかなと思って。

あなた：ああ、改札付近に置いてありますね。●ミどんな仕事（が）のっているんですか。

田中：　カフェや本屋の店員でしょう？　それか（ら）、警備員とか、塾講師とか…いろいろあるよ。

あなた：実は、私（も）バイト先を変えようか迷っているんです。今のバイト先（で）、店長に「なるべく多くシフトに入ってほしい」って言われていて…。●ミこれ以上バイトを増やすと、勉強時間が取れないか（ら）、困るんです。

田中：	要报名哪个呢…
你：	田中女士，你在看什么呢？
田中：	招工的杂志哦。车站不是有个写着「请自由拿取」的地方吗？在那拿到的，我在想是不是也应该找个兼职。
你：	在检票口附近放着对吧。都有什么样的工作呢？
田中：	书店或者咖啡店的店员吧。除此之外，保安，私塾讲师，各种各样什么都有。
你：	其实我在考虑要不要换个打工的地方。现在打工的地方，店长说「希望你能尽可能多的安排一些排班」。但是再加排班的话学习的时间就减少，真的很烦恼。

Tanaka	Hmm.... where should I apply?
You	What are you reading, Ms. Tanaka?
Tanaka	A job magazine. One of those magazines you see at the station that say "Take free". I got one. I'm think of getting a part-time job.
You	Oh, I see them by the gates of a station. What kind of jobs are listed in the magazine?
Tanaka	Let me see, café staff, bookstore clerks. And guards, tutoring teachers... there are various kinds of jobs.
You	Actually, I am thinking of changing my part-time job. My manager has asked me to work as many shifts as possible.... If I work more, I'll have trouble finding time to study.

[くだけた表現の説明]
「ご自由にお持ちください」って→「ご自由にお持ちください」と　バイトでもしようかなと思って：言いさし文。

C9 雑談が苦手なんです

田中： さっき、気(ま)ずい思いをしちゃった。エレベーターのとこで、知ってる人を見かけた(か)ら、あいさつしたんだよね。でもそこまで親しくないから、その後、何を話せばいい(か)困っちゃって。

あなた： そういうときは、●ミ天気の話(を)すればいいんじゃないですか？

田中： そうだよね。でも、今日はエレベーターがなかなか来なくて(さ)。天気の話だけじゃどうにも…。他に何かないかな、こういうとき(の)話題。

あなた： じゃあ、近く(に)できたお店の話とか。●ミそういうこと(を)話すといいかもしれませんよ。

田中： あー、うんうん。駅前に新しくできたカフェ、も(う)行った、とかだよね。

あなた： そうですね。そこから●ミ話(が)広がるんじゃないですか。

田中：刚才发生了一件很尴尬的事。在等电梯的时候遇到认识的人，打了招呼。但又不是那么熟，所以很困扰，不知道接着该聊些什么。	Tanaka	I just did something embarrassing. I met someone I knew at the elevator hall and said hello. But we are not that close, so I didn't know what to talk about.
你： 聊聊天气不就可以了吗？	You	In that case, how about talking about the weather?
田中：也是。但是今天的电梯迟迟不来。只聊天气的话有点…。所以现在在想在这种时候有没有别的话题。	Tanaka	I know. But today, it took a while for the elevator to come. So I couldn't continue the conversation only with the weather talk. Is there any other topic we can talk about in such a situation?
你： 附近新开的店之类的。聊这种话题可能比较好。	You	How about a new place that just opened in the neighborhood? It might be good to talk about that kind of thing.
田中：车站前新开的那个咖啡馆，你去了吗，之类的。	Tanaka	Ah, I see. "Have you been to the new café in front of the station?", something like that.
你： 对哦。这样不就可以展开聊了吗。	You	Right. I think the conversation will expand from there.

[くだけた表現の説明]
しちゃった→してしまった　困っちゃって：困っちゃって→困ってしまって　言いさし文。　どうにも…：「どうにも」のあとに「できなかった」などの言葉が省略されている。　他に何かないかな、こういうときの話題：倒置法。　じゃあ→では　カフェ：このあとに助詞の「に」などが省略されている。

C10 書き出してみようか

田中： 浮かない顔し(て)、どうしたの？

あなた： 実は履修したい科目の時間割が重なってしまってい(て)…。どちらを取ろうか迷ってい(る)んです。●ミどっちを取ればいいでしょう。

田中： ああ、この2つか。去年も重なってたんだよね。私も迷ったん(だ)けど、メリットとデメリットを書き出してみて、メリットが多いほうを取ったよ。

あなた： なるほど。書き出して考えるの(は)●ミたしかに良さそうですね。

田中： 頭を整理して、客観的に比べると答えが出せるっていう(か)。私はそうしてるってだけだから、あんま参考にならないかも…。

あなた： いえいえ！　本当に助かります。●ミ私も書き出し(て)考えてみます。

田中：愁眉苦脸的，怎么了？	Tanaka	Why the long face?
你： 想学的科目时间表冲突了，在烦恼到底应该选哪一个。选哪个比较好呢。	You	Actually, the timetables of the classes I want to take are overlapping. I'm wondering which one I should choose.
田中：原来是这两个啊。去年也重合了。我之前也很烦恼要选哪个，你可以试试看写出两方的优点和缺点，选优点多的那个吧。	Tanaka	Oh, those two. They also overlapped last year. Like you, I thought about which one to take, so I wrote down the advantages and disadvantages, and chose the one with more advantages.
你： 原来如此。写出来再想感觉比较好呢。	You	I see. It sounds like a good idea to write and think.
田中：把思维整理一下，客观地对比就能得出答案。我是这么做的，也不知道能不能帮到你…	Tanaka	After organizing my thoughts and looking at them objectively, I can usually find the answer. But this is just what I do, so might not help you.
你： 没有没有，真的受益匪浅。我也试着写出来考虑一下。	You	Oh! It really helps. I'll write and think.

[くだけた表現の説明]
浮かない顔して→浮かない顔をして　重なってたんだ→重なっていたのだ　っていうか→というか　そうしてる→そうしている　ってだけ→というだけ　あんま→あまり　ならないかも→ならないかもしれない

C11　行事を楽しもう

あなた：　デパートやショッピングモールっ（て）、いろんなディスプレイをしますね。あれを見る（と）、●ﾐ新しい季節が来たなあと思います。

田中：　うんうん。コンビニで見かけるデザート（で）も、季節を感じない？　見かける（と）、ついつい買っちゃう。

あなた：　あ、季節限定商品ですか？　私も見たら（す）ぐ、かごに入れちゃいます。●ﾐこの時（だ）けっていうのに弱いんです。

田中：　なん（か）家の中に季節を感じるものを取り入れたら楽しそうじゃない？　手軽なもの、ないかなあ。

あなた：　季節のお花を飾るのはどうですか。●ﾐ手軽だ（し）、選ぶときにワクワクして楽しそうだし。

你：	在百货商店和商场之类的地方，会举办各种各样的展览呢。每当看见那个的时候就会觉得真的是到了新季节了呢。	You	Department stores and shopping malls have a variety of window displays. When I see them, I always feel that a new season has arrived.
田中：	在便利店看到甜点也能感受到季节变化吧。每次看到，就忍不住会买。	Tanaka	Yes, me too. Don't you feel the same way when you see seasonal desserts at convenience stores? When I see them, I just can't help buying them.
你：	是季节限定的商品吗？我也是一看到就立刻到购物车里。对这种季节限定真的是毫无抵抗力啊。	You	Ah, those seasonal items. Every time I see them, I'll put them in my basket, too. I'm easily tempted by such a limited item.
田中：	如果能在家也引入一些可以感受到季节变化的东西感觉很不错欸，有没有什么简单的装饰呢。	Tanaka	Wouldn't it be nice to have something that makes you feel the season in your house? Is there anything I can get easily?
你：	用每个季节特有的花来装饰怎么样？既方便，选的时候感觉也很开心。	You	How about decorating with seasonal flowers? It is easy to do, and selecting flowers is so much fun.

［くだけた表現の説明］
ショッピングモールって→ショッピングモールでは　いろんな→いろいろな　買っちゃう→買ってしまう　入れちゃいます→入れてしまいます　だけっていう→だけという　手軽なもの：このあとに助詞の「は」が省略されている。　楽しそうだし：言いさし文。

C12　いい雰囲気の街ですね

田中：　ねえねえ、これ見て！　すてきでしょう？

あなた：　あ、これは…イタリアですか？

田中：　うん。映画の舞台（に）なった街なんだって。青い地中海に囲まれた色とりどり（の）建物！　きれいじゃない？

あなた：　カラフルですね！　イタリアは観光スポット（が）多いですよね。●ﾐ歴史的な建物とか、教会とか。

田中：　そうそう。しっとり落ち着い（た）フィレンツェの街並みも好きだなあ。

あなた：　たしか、イタリアの街並み（は）厳しい条例で守られているんですよね。●ﾐ初めて知ったとき、驚きました！

田中：	快看这个！很漂亮吧？	Tanaka	Hey, look at this! Isn't it nice?
你：	这是意大利吗？	You	Oh, is this... Italy?
田中：	对啊对啊。据说是电影的取景地哦。被蓝色的地中海所包围的五颜六色的建筑！很漂亮吧？	Tanaka	Yes. I heard this is the town where a movie was filmed. These colorful buildings surrounded by the blue Mediterranean Sea! Isn't it beautiful?
你：	真是绚丽多彩呢。意大利也有很多景点吧。古迹，教堂什么的。	You	How colorful! There are many sightseeing spots in Italy, aren't there? Historical buildings, churches, etc.
田中：	对对，我也很喜欢佛伦萨宁静的街道。	Tanaka	Yes, indeed. I also like the calm and relaxed ambiance of Florence.
你：	好像意大利的街道受很严格的条例保护哦。第一次知道的时候，我也很震惊。	You	I hear that the streets in Italy are protected by strict regulations. I was surprised when I first learned that!

［くだけた表現の説明］
これ見て→これを見てください　だって：伝聞の表現。　教会とか：このあとに「が多いですよね」などの文が省略されている。

C13 体験して学ぼう！

田中： うちの妹、もうすぐ自然学習(が)あるんだって。学年全体で森に行って、植物や動物の勉強をしたり、キャンプ(を)したり。聞いていて懐かしくなっちゃった。

あなた： わあ、何日もどこか(に)泊まるんですか？

田中： うん、専用の宿泊施設があってね。4泊5日って言っ(て)たよ。

あなた： けっこう長いですね！ たし(か)妹さん、小学生でしたよね。(そ)れくらいの年齢だと●ﾐホームシックになっちゃう子もいるんじゃないですか。

田中： そういう子もいるかもね。でも、自然に囲まれて集団生活をする経験(は)貴重だから、乗り越えてほしいな。

あなた： 友達と一緒に●ﾐいい思い出をたくさん作れるといいですね！

田中：我的妹妹，据说快要到自然课了呢。年级所有人一起去森林里，学习植物和动物，一起野营之类的。听着很令人怀念。	Tanaka My younger sister is going to go on her nature learning trip soon. All the students from her grade go to the forest, learn about plants and animals and camp there. When I was listening to her, I remembered my own nature learning trip.
你： 要在什么地方住几天吗？	You Wow, are they going to stay there for days?
田中：嗯，有专用的住宿设施。好像要住5天4夜。	Tanaka Yes, there is an accommodation for nature learning trip. She said they would stay there for four nights.
你： 还挺长的！你的妹妹，应该还是小学生吧。这个年纪的小孩，会想家吧？	You That's quite a long time! Your sister is an elementary school student, isn't she? Wouldn't some children that age get homesick?
田中：是呀，也有小孩会想家。但是大家在自然中一起生活的经验非常宝贵，所以希望她能克服困难。	Tanaka There might be. But the experience of living in a group in a natural environment is valuable, so I hope they will get over it.
你： 要是能和朋友一起创造一些美好回忆就更好了。	You I hope they can make a lot of great memories with their friends.

［くだけた表現の説明］
うちの妹：このあとに、助詞の「は」などが省略されている。 **だって**：伝聞の表現。 **キャンプをしたり**：このあとに「する」などの言葉が省略されている。 **懐かしくなっちゃった**→懐かしくなってしまった **あってね**：言いさし文。 **って言ってた**→と言っていた **なっちゃう**→なってしまう

C14 困ったなあ

田中： 小学生のとき、まじめ(に)掃除をしないでさぼる子がいなかった？

あなた： ええと、私(の)学校は業者の人が掃除をしていたので…。

田中： え、そうなんだ！ 日本の小学校は自分たち(で)掃除するんだよ。今、バイト先に掃除をちゃんとしてくれない先輩がいて(さ)、小学生時代を思い出しちゃった。

あなた： 掃除(を)ちゃんとしてくれないんですか。●ﾐ困っちゃいますね。

田中： その先輩、一緒に掃除をさぼろうって言ってくるから、(よ)けいに困るんだよね。

あなた： そうなんですか。●ﾐそれはちょっと大変ですね。

田中：你小学的时候，有没有不好好打扫，偷懒的孩子？	Tanaka When you were in elementary school, did any of your classmates skip classroom cleanup?
你： 嗯，因为我们学校是专业的清扫人员在打扫，所以 ...	You Well, our school had a contractor clean our classrooms.
田中：这样啊。日本的小学都是自己打扫。现在打工的地方有个前辈不好好打扫，所以突然想起了小学的时候。	Tanaka I didn't know that! Elementary school students in Japan clean their classrooms. Now, there is a worker at my part-time job who skips cleanup, which reminded me of my elementary school days.
你： 不好好帮忙打扫的话，很困扰呢。	You That person doesn't join the cleanup. That's a problem, isn't it?
田中：那个前辈，时不时会怂恿我一起逃掉打扫，所以格外困扰。	Tanaka Also, he tells me to skip the cleanup with him, so I'm even more troubled.
你： 那样的人吗？那真是有点烦人呢。	You I see. That's a tricky situation.

［くだけた表現の説明］
掃除をしていたので…：言いさし文。 **先輩がいてさ**：言いさし文。先輩がいて＋助詞の「さ」。 **思い出しちゃった**→思い出してしまった **困っちゃいますね**→困ってしまいますね **その先輩**：このあとに助詞の「が」が省略されている。 **って言ってくる**→と言ってくる

C15 こんな見方もあるよね

あなた：　うちの親、卒業後は地元に戻って公務員（に）なれってうるさいんです。私は大学院に行って研究者になりたい（と）思っているのに。

山田：　　そうなんだ。親御さん、戻ってきてほしいの（ね）。

あなた：　どうなんでしょう。私の国で公務員（は）安定しているし、人気があるんです。でも私は公務員にはなりたくありません。●₅私の話（を）ちっとも聞いてくれないんです。

山田：　　なるほどね。そうだなあ、きっと親御さん（も）「子どもがちっとも話を聞いてくれない」って思ってるんじゃないかな。話し合いはできてるの？

あなた：　それ（が）…、いつもけんかになっちゃうんです。自分の考えを否定される（と）、つい言い返してしまって…。●₅もうちょっと落ち着い（て）話を聞かないといけないですね。

山田：　　親は子どもが心配で、あれこれ言っちゃうものなんです（よ）。

你：	我的父母，让我毕业之后回老家当公务员，真的很烦。但是我想在大学毕业之后去研究院当研究员。
田中：	你的父母，想让你回去吧。
你：	怎么办呢。在我的国家，因为公务员的工作非常稳定所以很受欢迎。但是我不想成为公务员。我的话真是一点都不听啊。
田中：	原来如此。你的父母说不定也在想孩子怎么一点话都听不进去。你们有好好聊吗？
你：	聊了呀，每次都会吵架。当自己的想法被否定的时候，我总是忍不住还嘴。我还是得再平心静气一点听他们说话吧。
田中：	父母担心孩子，有时候会说一些气话。

You	My parents always tell me to go back to my hometown and become a civil servant after I graduate. But I want to go to a graduate school to become a researcher.
Yamada	Oh, your parents want you back home, right?
You	I'm not sure. Civil servants are considered as a stable job and very popular in my country. But I don't want to be a civil servant. They don't listen to me at all.
Yamada	I understand. Well, your parents may likewise think "My son doesn't listen to us at all." Do you talk to them?
You	Umm…, we always end up arguing. I can't help talking back whenever they disagree with me. Maybe I need to calm down and listen to them.
Yamada	Parents tend to preach because they are worried about their children.

［くだけた表現の説明］

うちの親：このあとに助詞の「が」などが省略されている。　**ってうるさいんです**→と、うるさいのです　**思っているのに**：言いさし文。　**親御さん、戻って**：「親御さん」のあとに助詞の「は」などが省略されている。　**じゃないかな**→ではないかな　**できてるの**→できているの　**なっちゃうんです**→なってしまうのです　**言い返してしまって…**：言いさし文。　**言っちゃう**→言ってしまう

本文中に  のアイコンがあるものは、

教師用、学生用の資料が、

こちらからダウンロードできます。

https://www.coach-pub.jp/books/003/

【著者紹介】

大原 聖蘭（おおはら しょうらん）

華東師範大学大学院外国語学部日本語学科修士課程修了、日本語言語文学修士。専門は第二言語習得、会話、自律学習。中国で教育コンサルティングと日本語学校経営に携わる。著書に『日本語会話教程（初級・中級・上級）』（上海外国語教育出版社）、『日本語会話教程教師用参考書（初級・中級・上級）』（上海外国語教育出版社）、『日本語通訳実践教程』（華東理工大学出版社・共著）。論文に「自律学習時に用いる学習素材が発話スピードに与える影響」、「コンピュータ支援型スピーキング練習が日本語習得に与える影響－日本語専攻生の自律学習を中心に－」、共著論文に「Unpacking cross-linguistic similarities and differences in third language Japanese vocabulary acquisition among Chinese college students」など。

行知学園教育叢書
ピアで学ぶ日本語会話
日本語の知識を話す力に　活動260　初級〜中級

2022年8月20日　初版第1刷発行

著　者	大原 聖蘭
発行者	楊 舸
発行所	行知学園株式会社
	〒169-0073
	東京都新宿区百人町2-8-15　ダヴィンチ北新宿 5F
	TEL：03-5937-2809　FAX：03-5937-2834
	https://coach-ac.co.jp/（日本語）
	https://www.koyo-coach.com/（中国語）
カバーデザイン	clip
イラスト	田原直子（対話文、p.6、p.27動物園、p.58）
印刷所	シナノ書籍印刷株式会社